SIXTO PORRAS

CÓMO TENER UN
MATRIMONIO
SALUDABLE

CONSTRUYE Y DISFRUTA
TU RELACIÓN MÁS IMPORTANTE

WHITAKER
HOUSE
Español

Editado por: Ofelia Pérez

Cómo tener un matrimonio saludable

Construye y disfruta tu relación más importante

ISBN: 979-8-88769-072-8
E-book ISBN: 979-8-88769-073-5
© 2023 por Sixto Porras
Impreso en los Estados Unidos de América

Whitaker House
1030 Hunt Valley Circle
New Kensington, PA 15068
www.espanolwh.com

1 2 3 4 5 6 7 8 9 10 11 **ᴜ** 30 29 28 27 26 25 24 23

DEDICATORIA

Este libro lo dedico a mi esposa Helen, mi compañera de viaje y la inspiración que Dios ha puesto a mi lado. Al día de hoy tenemos más de 38 años de matrimonio, y Dios nos ha permitido ver los sueños convertirse en realidad.

Helen solo tenía 21 años cuando nos casamos, y estuvo dispuesta a dejarlo todo para que compartiéramos un proyecto de vida que nos ha llevado por caminos maravillosos. Juntos emprendimos el camino de formar una familia que estuviera dispuesta a vivir para Dios.

He visto a Helen crecer, ser firme en sus convicciones y dedicarse a hacer agradable el viaje de la vida, y esto hace emocionante caminar uno al lado del otro. Ella ha sacado lo mejor de mí, nos extrañamos cuando estamos lejos y disfrutamos lo que hacemos. Ha formado hijos maravillosos y ahora tiene el privilegio de tener el amor de Dyane y Rocío, que son nueras que le han dado un lugar especial en sus corazones. Se derrite por los nietos y no quiere perderse el privilegio de compartir cada instante que puede con ellos.

Esta es mi mejor descripción de Helen: una mujer llena de virtud, inteligente, y la gracia que hay de Dios en ella nos llena a todos de alegría. Siempre quiere dar lo mejor, y su dedicación a la familia nos hace amarla cada día más.

AGRADECIMIENTOS

Hay viajes que solo se viven si te inspiran a vivirlos, y escribir es uno de los viajes que más he disfrutado en la vida. Por eso aprecio y agradezco a mi buen amigo Xavier Cornejo, director de la Editorial Whitaker House Español, por animarme a poner en este libro lo mejor que he aprendido sobre el matrimonio. Gracias por ser un visionario y por cada palabra de estímulo.

Aprecio en gran manera a Isabel Neira y a Jessica Charpentier por la revisión que hicieron del escrito original y por sus recomendaciones, y gracias a mi compañera en

Enfoque a la Familia, Angie Víquez, por su disposición de leer y mejorar lo que escribo.

Gracias, Ofelia, por tu delicado trabajo en la edición de cada uno de los libros que he escrito para la editorial Whitaker House.

TABLA DE CONTENIDO

INTRODUCCIÓN

Los matrimonios logran trabajar como un extraordinario equipo cuando consiguen cimentarse en tres puntos importantes: desarrollar un ambiente agradable en casa, reconocer las virtudes del otro y no dejar que el rencor los distancie. Para que esto se dé, se requiere confianza, resolver las diferencias saludablemente, estar comprometidos el uno con el otro, asumir las responsabilidades de cada uno y avanzar hacia la meta de terminar el viaje juntos.

Para desarrollar un ambiente agradable en el hogar debemos tener una convivencia saludable, que será difícil de lograr si caemos en la trampa de tener relaciones conflictivas.

Si no hay confianza, nos será difícil mostrarnos vulnerables ante nuestro cónyuge, y nos inclinaremos a controlar al otro con gritos, crítica y celos. Ante esto, es indispensable reconocer los errores que estamos cometiendo, a fin de hacer crecer la confianza, que es el pilar de toda relación matrimonial.

La tranquilidad en el hogar se mina cuando tratamos de controlar la vida de nuestro cónyuge y no le permitimos ser él mismo. Esta actitud es la que nos lleva a criticar lo que hace, a menospreciar su forma de ser y a vivir una relación fundamentada en el temor y no en la confianza.

La intimidad crece cuando nos aceptamos, admiramos a nuestro cónyuge y le permitimos actuar con naturalidad. No significa que nuestro cónyuge sea perfecto o que todo lo que haga esté correcto, pero esto le permite relacionarse con nosotros abiertamente y sin temor. Si fortalecemos la confianza y la amistad, y nos convertimos en los mejores amigos, la relación es fuerte y el ambiente se torna agradable.

Si hay intimidad, confianza y cercanía, podemos dialogar abiertamente y nos podemos mostrar vulnerables sin temor alguno.

La amistad en el matrimonio crece cuando eliminamos el sarcasmo, el silencio que castiga, la indiferencia que lastima y los gritos. Todos debemos definir claramente qué está lastimando la confianza en la relación.

Los matrimonios que tienen confianza, porque son amigos entre ellos, son capaces de discutir ideas, resolver diferencias y aun pueden tener discusiones apasionadas sin herirse, porque prevalece el respeto a la opinión del otro.

La falta de confianza hace que las personas mientan, oculten sus sentimientos, griten, se maltraten y se critiquen mutuamente.

Si la confianza está lastimada, tendemos a distanciarnos, las conversaciones son superficiales y damos nuestra opinión con recelo por temor a la reacción de nuestro cónyuge. Por eso, es indispensable que nos volvamos íntimos amigos, porque es lo que nos permite mostrarnos vulnerables y ser abiertos el uno con el otro.

Mi propuesta en este libro es: ¡hagamos de nuestro hogar, el mejor lugar para vivir!

1

¿CÓMO TENER UN MATRIMONIO SALUDABLE?

En todo caso, cada uno de ustedes
ame también a su esposa como a sí mismo,
y que la esposa respete a su esposo.
—Efesios 5:33

1. EL ENAMORAMIENTO

Cuando nos enamoramos y damos los primeros pasos de cercanía con la persona objeto de nuestro afecto, son las emociones las que sostienen esos inicios de la relación. Las emociones son muy intensas, llegamos a creer que no podemos vivir sin la otra persona, ella nos roba el sueño y cada suspiro. Estamos pendientes de cualquier necesidad que tenga, la llenamos de detalles, mensajes y llamadas, y buscamos cualquier oportunidad para estar con ella. En otras palabras, ¡estamos enamorados! Esto es maravilloso, porque estar enamorado es una de las emociones más bellas que podemos experimentar. La razón es sencilla, nacimos para amar y ser amados.

Cuando nos hemos enamorado, tenemos el sueño de que la relación avance hacia algo más profundo, y esto nos lleva al matrimonio. Deseamos que todo sea perfecto, tal y como lo hemos imaginado toda la vida. Pero lo perfecto no existe, lo que hemos idealizado da lugar a lo que es real, y la convivencia en el matrimonio revela las imperfecciones de nuestro carácter y las diferencias que existen entre las costumbres y los hábitos que tenemos. Entonces, nos damos cuenta de que reaccionamos diferente ante las mismas experiencias.

A esto se suma que el espíritu de conquista comienza a disminuir porque ahora estamos casados, y esto nos lleva a bajar la guardia en cuanto a los detalles que un día tuvimos. Con el paso del tiempo, la emoción del enamoramiento va perdiendo su efecto debido a que ahora nos tenemos, convivimos, estamos juntos todos los días y, con ello, vienen las responsabilidades, las tareas de la casa, el cansancio y el estrés, lo que irremediablemente nos podría convertir en personas irritables si no estamos listos para afrontarlo. De repente, sentimos que el otro ya no nos comprende, ya no nos atiende, ya no tiene detalles como los tenía antes y, poco a poco, la magia de la atracción va perdiendo su efecto, ya no le parecemos tan atractivo como antes, o el otro ya no parece atractivo para nosotros.

Además, la fuerza de la costumbre podría llevarnos a desvalorizar lo que somos y sentimos. El reclamo y la crítica comienzan a dominar el ambiente y esto toma el lugar de la palabra dulce, la amabilidad y el romanticismo, que iban de la mano con darle un lugar de privilegio al otro.

Para que la rutina, las responsabilidades y el desencanto no desaparezcan en el matrimonio, el amor debe alimentarse y cuidarse como si fuera un jardín, de tal forma que la mala hierba no lo ahogue.

LA FELICIDAD EN EL MATRIMONIO ES UNA CONQUISTA DE TODOS LOS DÍAS.

Si deseamos que el amor crezca tenemos que trabajar en ello, de tal manera que la relación se convierta en una convivencia saludable, agradable y deseable. Sí se puede construir una relación saludable y, para lograrlo, necesitamos trabajar en nosotros mismos, con la meta de hacer crecer el amor, mantener los detalles, llegar a acuerdos y definir una estrategia que nos ayude a resolver las diferencias sin herirnos.

La felicidad en el matrimonio es una conquista de todos los días. Eso sí, debemos ser realistas y darnos cuenta de que el enamoramiento espontáneo solo se vive una vez, y ahora se tiene que conquistar con detalles y atenciones. Lo que vamos a construir ahora no es lo que ya vivimos esa primera vez, sino algo mucho mejor. Ya hemos caminado juntos, tenemos una historia que antes no teníamos, nos conocemos más, y eso nos permite darnos de una mejor manera el uno al otro. Lo cierto es que tenemos más cosas en común que cuando nos conocimos, y esto nos acerca y une más que en el principio de la relación. Lo cual es más hermoso todavía.

Para lograr lo que deseamos en el matrimonio es necesario trabajar en dos cosas: tener un mejor conocimiento de nosotros mismos y decidir aportar lo mejor que tenemos en procura de una relación sólida y agradable.

2. PLENITUD PERSONAL

Lo que nos permite relacionarnos saludablemente en el matrimonio es que cada uno haya logrado autoconocimiento y autoaceptación. Esto nos lleva a crecer en nuestro amor propio, aumentar nuestra seguridad y obtener más realización personal. No se trata de tener un gran ego, sino de tener una identidad definida y una mayor responsabilidad del manejo de nuestras emociones. Es lo que nos permite amarnos, aceptar nuestras fortalezas y trabajar con nuestras debilidades, saber quiénes somos y, a la vez, ser más responsables de nuestros propios pensamientos, sentimientos, emociones y acciones.

La capacidad que tenemos para amar a los demás está directamente relacionada con la capacidad que hemos desarrollado de amarnos a nosotros mismos, y esta plenitud personal que hemos alcanzado regirá la interacción con el cónyuge. Una vez alcanzado esto, estamos listos y preparados para poder conformar un proyecto en común. Y ese proyecto se verá enriquecido con dos plenitudes que confluyen, creando algo nuevo, único y maravilloso.

Cuando nos vemos a nosotros mismos como personas plenas, completas, llenas y felices, no dependemos, sino que construimos y aportamos. No demandamos, más bien damos. No imponemos, más bien inspiramos.

Una persona emocionalmente frágil, que no ha sido capaz de llenar sus vacíos emocionales, buscará que el cónyuge los llene. Exigirá que el otro esté disponible para ella, llene todas sus necesidades y, como su cónyuge no podrá, se enojará fácilmente y su nivel de tolerancia será sumamente bajo; lo cual es el escenario propicio para vivir en una constante lucha de poder y en una exigencia permanente de que la otra persona cambie. Esta actitud se refleja cuando solemos decir: "Si hicieras las cosas de manera diferente, estaríamos bien". Con esta condición nos concentramos en ver los defectos, pero no solo los vemos, sino que los señalamos constantemente. Esto es lo que domina nuestras conversaciones y la queja se torna en nuestro hablar diario. En esta condición, vivimos para demandar, reclamar y exigir, porque estamos heridos emocionalmente y creemos que nuestro cónyuge es la persona responsable de cómo nos sentimos.

Una relación sólida en el matrimonio solo nace de personas que se responsabilizan del manejo de sus emociones y trabajan en ellas antes de demandar que el cónyuge sea quien llene sus carencias. El matrimonio es saludable cuando las personas que lo componen son personas plenas y seguras; es lo que nos conduce a la comprensión, a la intimidad emocional y a divertirnos juntos.

EL MATRIMONIO ES SALUDABLE CUANDO LAS PERSONAS QUE LO COMPONEN SON PERSONAS PLENAS Y SEGURAS.

3. CONSTRUYENDO UNA RELACIÓN SÓLIDA

Construir una relación donde reine la tranquilidad, la paz, la seguridad, la cordialidad y la felicidad, es posible, siempre y cuando ambos estemos dispuestos a construirla todos los días con la mejor actitud. Ambos tenemos que poner de nuestra parte, y, si es necesario, buscar ayuda externa y adquirir herramientas útiles, como libros, grupos de apoyo y una congregación donde se aborden temas de familia.

Un buen inicio son los siguientes siete elementos:

• UNA RELACIÓN PARA TODA LA VIDA

El fundamento de una relación para toda la vida lo otorga el compromiso de amar en las buenas y en las malas. Esto nos impone superar nuestras diferencias y entrar en una negociación en la que, algunas veces, habrá que ceder. Eso implica que en ocasiones tendremos que ser tolerantes con el otro y, en otras, tendremos que cambiar algo para beneficio de los dos.

Si vamos a vivir juntos el resto de nuestras vidas, tenemos que esforzarnos en convertir el matrimonio en una aventura emocionante. No tiene que ser aburrido, monótono o complicado, puede ser agradable, placentero, desafiante y divertido.

Si decidimos que el matrimonio será una relación para toda la vida, esta decisión traerá seguridad, y dejaremos por fuera frases de manipulación como lo son: "mejor nos divorciamos", "me voy a ir de la casa", o bien "seguro no éramos el uno para el otro".

Algo que debemos recordar es que la decisión de seguir juntos, si bien es para toda la vida, se toma cada día. Esto es particularmente importante cuando se trata de realizar ajustes o resolver conflictos, porque ello nos brinda un panorama más enfocado y práctico, atendiendo lo que hay que resolver, sin la angustia de pensar que nos equivocamos al casarnos.

• AMOR INCONDICIONAL

Amar incondicionalmente es una decisión personal. El amor incondicional se otorga en todo momento, principalmente en los momentos de crisis, cuando las emociones no son tan intensas como al principio, o bien cuando nos sentimos decepcionados. "Te amaré independientemente de lo que digas, decidas o hagas" es una afirmación que debemos ser capaces de afirmar. No es un amor fluctuante o emocional; es un amor firme y fuerte. No significa que tenemos que pensar como el otro, aprobar todo lo que el otro decida o estar de acuerdo en todo lo que el otro disponga. Más bien, es un asunto de que el otro tenga la seguridad de que puede contar con nosotros en todo momento y en cualquier circunstancia.

• RESPETO

Como todo en la vida, yo puedo respetar al otro en el tanto yo me respeto a mí mismo. Cuando yo sé quién soy y cuánto valgo, tiendo a respetarme, y esto me ayuda a tratar a los demás con el mismo respeto con el que me trato a mí mismo. Las relaciones solo pueden florecer cuando el cónyuge se siente respetado. Pablo lo recuerda claramente: *Cada hombre debe amar a su esposa como se ama a sí mismo, y la esposa debe respetar a su marido.* (Efesios 5:33 NTV)

Se nos hace fácil respetar cuando aceptamos y admiramos a la otra persona, por eso es indispensable en el matrimonio que mantengamos intacta nuestra admiración por nuestro cónyuge. El respeto tiene como premisa la aceptación y la admiración mutua. El respeto brinda libertad, seguridad y confianza, por ello tenemos que respetar los gustos, las costumbres, los sentimientos y las opiniones de nuestro cónyuge.

Aceptarnos tal cual somos es fundamental para tener una relación saludable, esto implica que no intentamos cambiarnos ni nos idealizamos. Todos tenemos defectos y virtudes, y la aceptación tiene que ver con la habilidad de disimular defectos y admirar virtudes.

Respetar a nuestro cónyuge fortalece la armonía, genera un ambiente de paz y nos hace personas felices. Solo los matrimonios que disfrutan de una relación estable conocen los beneficios del respeto, tanto personal como mutuo.

El respeto que nos tenemos el uno al otro en el matrimonio debe extenderse a la familia de cada uno. Si algo nos permite acercarnos, es aceptar a la familia de nuestro cónyuge. Tal vez nos sentimos libres para hablar mal de nuestra familia, pero nunca hablemos mal de la familia de nuestro cónyuge. Si tenemos algo que decir, que sea para expresar admiración y respeto.

EL RESPETO QUE NOS TENEMOS EL UNO AL OTRO EN EL MATRIMONIO DEBE EXTENDERSE A LA FAMILIA DE CADA UNO.

Es fundamental que la familia de origen no intervenga en la relación del matrimonio. La relación de pareja es de dos y no pueden participar otras personas, mucho menos la familia extendida. Si mantenemos una relación saludable con ambas familias, contribuiremos grandemente con la salud del matrimonio.

Dios, desde la creación, determinó que cada matrimonio debe dejar a padre y madre para que con la distancia prudencial se pueda establecer la nueva familia, sin el sometimiento a los padres en la nueva dinámica. El sabio consejo de los padres será oportuno, siempre y cuando sea solicitado. *"Por eso el hombre deja a su padre y a su madre, y se une a su mujer, y los dos se funden en un solo ser"*. (Génesis 2:24)

• CONFIANZA

Toda relación necesita una alta cuota de confianza, esto nos habilita para ser amigos, sentirnos seguros y gozar de tranquilidad. La confianza nos permite vivir en paz y nos estimula a vivir una intimidad placentera. La confianza trae consigo solidez en la relación, cercanía y deleite. La confianza en nuestro cónyuge es clave para garantizar una buena relación. Esa confianza es la que permite que la relación se extienda en el tiempo y la convivencia sea agradable.

La confianza elimina los pensamientos negativos, esos que nos hacen vivir viajes interminables en nuestra imaginación y nos roban la paz. La confianza elimina los celos enfermizos y los malentendidos, y evita que tengamos que investigar qué hace, a dónde va y con quién habla el otro. Los celos dañan cualquier relación, guiándola a la mentira, al distanciamiento y a la manipulación. Ninguna relación puede crecer a partir de los celos. Confiar en el cónyuge es fundamental para gozar de una relación estable y fuerte. El amor es inocente, cree, confía, acepta, valora y aprecia. Es esta inocencia la que debemos proteger para que la relación sea fuerte y estable.

Quizá cargamos en nuestra propia historia de vida experiencias negativas, porque nosotros, nuestra madre o padre, o alguien muy cercano, vivió alguna traición en su relación de pareja, y no queremos que nos vuelva a pasar o que nos pase como les pasó a ellos. Podría ser que por eso nos cuesta confiar. De ahí la importancia de trabajar en nosotros mismos primero, identificando el origen de nuestros sentimientos.

Quizá nos cuesta confiar porque nuestro cónyuge nos dio motivos para hacerlo. Aun así, retomar la confianza en el otro tiene que trabajarse; primero, tomando la decisión de continuar. Si no se toma esa decisión, la relación podría deteriorarse porque mantiene viva la herida. Segundo, perdonando, y tercero, buscando el acompañamiento profesional necesario con la meta de recuperar la paz y la capacidad de confiar.

Si ha sido herido en su capacidad de confiar, y cree que necesita ayuda, búsquela inmediatamente.

Seamos responsables con el manejo de nuestras emociones, y generemos el espacio para que nuestro cónyuge haga lo mismo con las suyas. Es tiempo de refugiarnos en Dios, creer que la relación tiene futuro y aportar lo mejor que tenemos. Mostrémonos como personas dignas de confianza.

• FIDELIDAD

La relación es fuerte en tanto seamos fieles, primero con nosotros mismos y, después, con el otro. Si decidimos ser fieles con nuestro cónyuge es porque decidimos primeramente respetarnos a nosotros mismos, viviendo con honestidad y transparencia.

ES TIEMPO DE REFUGIARNOS EN DIOS, CREER QUE LA RELACIÓN TIENE FUTURO Y APORTAR LO MEJOR QUE TENEMOS.

Ser fiel es una decisión personal. La fidelidad brota del amor, de la decisión de hacer cumplir la palabra que dimos al momento de casarnos; es hacer prevalecer lo que creemos sobre lo que sentimos. Al decidir ser fieles al cónyuge, lo que estamos haciendo, es valorar a quien amamos, apreciar su dignidad y honrar nuestra palabra.

La fidelidad es el valor más importante cuando hemos decidido amar. Ser fiel significa honrar, cuidar, respetar y ser leal a la persona que amamos. Una persona fiel es libre, no tiene que ocultarse y no vive con temor. Una persona fiel canaliza todo su potencial en la persona que ama.

Dios habla claramente sobre las consecuencias de la infidelidad, nos advierte del peligro si abrimos puertas y nos invita a deleitarnos con la persona a quien hemos decidido amar.

Ser fiel es decidir honrarnos, respetar a nuestro cónyuge, honrar la historia compartida y el compromiso de exclusividad que asumimos al unir nuestra vida a la persona que hemos decidido amar… nuestro cónyuge.

Lo que nos impulsa a ser fieles es que deseamos tener una relación extendida en el tiempo, y una relación fundamentada en la confianza. Por eso, este valor se practica entre dos personas libres que se aman, se respetan y desean construir un futuro juntos.

Si es determinante ser fiel en la amistad y en el trabajo, ¡cuánto más en la relación que tenemos con nuestro cónyuge! Esta es una relación en la que hemos puesto todo nuestro esfuerzo y a la que hemos prometido ser fieles.

La fidelidad debe vivirse desde las emociones y los pensamientos, ya que es ahí donde nace la forma en la que actuamos. Todo se origina en los deseos que anidamos en el corazón, por lo tanto, la fidelidad hay que cultivarla día a día.

Es un mito pensar que por amar a nuestro cónyuge no seremos atraídos por alguien del sexo opuesto en alguna ocasión. Los sentimientos hacia una persona del sexo opuesto se pueden desarrollar cuando se está en una situación de contacto frecuente. Esto puede ocurrir entre compañeros de trabajo, amigos íntimos o vecinos que invierten más tiempo en esa relación de amistad que en su matrimonio. En esta situación, existe la oportunidad de que se desarrollen la atracción, el afecto y la pasión. Inicialmente puede parecer muy natural, casi irresistible y hasta justificado con excusas como "solo somos amigos", "en casa no me entienden, y esta persona sí me escucha y me comprende", entre otras. Por lo tanto, es importante conocer nuestra vulnerabilidad y correr en la dirección opuesta antes de que sea demasiado tarde.

Sin importar el motivo que utilicemos para justificar la infidelidad, las consecuencias siguen siendo las mismas: la persona infiel tiene que mentir, ocultarse, se llena de culpa y, de un momento a otro, compromete su proyecto de vida, la confianza que la familia le tiene y la credibilidad que ha construido en la comunidad.

La infidelidad es una conducta que tiene consecuencias devastadoras. Proverbios la describe de la siguiente manera: *"De los labios de la adúltera fluye miel; su lengua es más suave que el aceite. Pero al fin resulta más amarga que la hiel y más cortante que una espada de dos filos. Sus pies descienden hasta la muerte; sus pasos van derecho al sepulcro. No toma ella en cuenta el camino de la vida; sus sendas son torcidas, y ella no lo reconoce".* (Proverbios 5:3-6)

El precio de hacerle daño a la persona amada debe considerarse muy seriamente, porque deja algunas cicatrices que podrían hacer que nuestro cónyuge pierda la confianza y el respeto por nosotros. Los amigos podrían alejarse, y la relación con la familia extendida se verá lastimada.

La advertencia en la Biblia contra la infidelidad es fuerte: **Pero al que comete adulterio le faltan sesos; el que así actúa <u>se destruye a sí mismo</u>. No sacará más que golpes y vergüenzas, y no podrá borrar su oprobio.** (Proverbios 6:32-33)

El Sabio Salomón advierte sobre las consecuencias de la infidelidad y nos anima a ser preventivos: *Aléjate de la adúltera;* **no te acerques a la puerta de su casa,** *para que no entregues a otros tu vigor, ni tus años a gente cruel; para que no sacies con tu fuerza a gente extraña, ni vayan a dar en casa ajena tus esfuerzos. Porque al final acabarás por llorar, cuando todo tu ser se haya consumido.* (Proverbios. 5:8-11)

Constantemente debemos preguntarnos si vale la pena arriesgar lo que nos ha costado construir por tanto tiempo: la familia que amamos, la admiración de nuestros hijos e hijas, el respeto de los nuestros, la confianza que genera ser una persona de palabra, la salud, las finanzas y la tranquilidad emocional. Este ejercicio nos permite valorar lo que es verdaderamente importante en la vida.

Al atravesar un momento de peligro como este, debemos hacer un viraje radical en nuestra vida y fortalecer la relación matrimonial. Tal y como lo describe Salomón, debemos dejarnos conquistar por nuestro cónyuge: *Cautivaste mi corazón, hermana y novia mía, con una mirada de tus ojos; con una vuelta de tu collar cautivaste mi corazón. ¡Cuán delicioso es tu amor, hermana y novia mía! ¡Más agradable que el vino es tu amor, y más que toda especia la fragancia de tu perfume!.* (Cantares 4:9-10)

En este momento de vulnerabilidad, debe surgir el razonamiento necesario que nos motive a pensar en la persona amada, en sus cualidades y en las cosas que, tal vez por el correr del tiempo, hemos dejado de abonar. Es tiempo de apreciar la historia que hemos construido juntos, la estabilidad que da un hogar, y poner en perspectiva los sueños que nos faltan por alcanzar.

Cuidemos la relación matrimonial con pequeños detalles, como arreglarnos para nuestra esposa o nuestro esposo, ser afectivos y mantener una excelente comunicación. Ante cualquier otra ocupación, cultivemos la cercanía con el cónyuge. Estos son elementos que nos ayudarán a mantener una relación fuerte y saludable. *Vive feliz junto a la mujer que amas…* (Eclesiastés 9:9 NTV). *¡Bendita sea tu fuente! ¡Goza con la esposa de tu juventud! Es una gacela amorosa, es una cervatilla encantadora. ¡Que sus pechos te satisfagan siempre! ¡Que su amor te cautive todo el tiempo!*. (Proverbios 5:18-19)

En momentos de vulnerabilidad, refugiémonos en el consejo sabio de alguien que nos ama, busquemos una persona cercana, confiable y prudente que nos escuche, nos ayude a ver las cosas con claridad, nos advierta el peligro y nos brinde consejos para fortalecer nuestro matrimonio.

ES TIEMPO DE APRECIAR LA HISTORIA QUE HEMOS CONSTRUIDO JUNTOS.

Si estamos experimentando atracción por alguien que no es nuestro cónyuge, detengámonos mientras aún hay tiempo. Al quebrantar el pacto de la fidelidad, se quiebra la confianza, que es como un frágil cristal… difícil de reparar.

• BUENA COMUNICACIÓN

La intimidad emocional genera confianza, respeto y tolerancia, lo que a su vez propicia que aceptemos a la otra persona tal cual es. Todo ello abre los canales de comunicación con tu compañero de vida.

Una buena comunicación no se trata de un sentimiento artificial, sino que crece a partir de la comprensión, el afecto que nos tenemos y, sobre todo, por el respeto que nos brindamos el uno al otro. Si nos sentimos amados y valorados, nos será fácil tener una comunicación fluida, amena y agradable.

Como en un círculo perfecto, el matrimonio crece cuando somos íntimos, cercanos y confidentes. El fundamento para la intimidad física encuentra su origen en la intimidad emocional, que a su vez se logra cuando desarrollamos la capacidad de comunicarnos con gentileza.

La buena comunicación requiere esfuerzo, por eso aclaremos el mensaje, observemos, preguntemos, investiguemos, reflexionemos y seamos pacientes. No nos enojemos sin averiguar o explicar razones, esto nos permite comunicarnos a partir de los hechos y no sobre suposiciones. Expresemos lo que sentimos y pensamos, pero de manera asertiva y con una base clara.

Los matrimonios saludables expresan libremente lo que sienten y piensan, porque en la relación no impera el temor o las acciones reactivas o la imposición de un criterio. En una buena comunicación logramos resolver nuestras diferencias sin herirnos y con una gran cuota de responsabilidad personal.

• CAMINAR JUNTOS

Para que alcancemos el objetivo de avanzar y compartir juntos como matrimonio, tenemos que aprender a hacer agradable el viaje, esto implica no solo haber desarrollado nuestro propio potencial, sino facilitar el camino para que nuestro cónyuge crezca.

Caminar juntos es mirar ambos en la misma dirección, es perseguir objetivos en común y trabajar por alcanzar lo que nos hemos propuesto. Cuando tenemos proyectos y retos en común fomentamos la unidad, porque debemos llegar a acuerdos y dialogar.

CAMINAR JUNTOS ES MIRAR AMBOS
EN LA MISMA DIRECCIÓN,
ES PERSEGUIR OBJETIVOS EN COMÚN.

Caminar juntos implica no dejar que nos ahoguen otras voces, personas, relaciones o quehaceres. Podemos caminar con muchas personas y cosas a la par, como los hijos, la familia extendida, los amigos, el trabajo, etc. Eso es lo normal y lógico, pues vivimos en un mundo donde todos tenemos un lugar y donde todos ejercemos distintos roles. Sin embargo, no podemos dejar que la fuerza de la vida cotidiana, con sus dificultades y gratificaciones, nos hagan perder de vista la prioridad de la relación con la persona amada.

Los matrimonios saludables logran vivir con tranquilidad, estabilidad y confianza, porque todos los días trabajan en fortalecer la relación, alimentando el respeto, manteniendo intacta la admiración mutua y resolviendo sus diferencias sin lastimarse, y llegando a acuerdos, así como haciéndole frente a lo que venga, uno al lado del otro. Es cuando la intimidad prevalece y reina la armonía.

No existen las relaciones perfectas, pero sí los matrimonios saludables y fuertes, que hacen agradable la convivencia y fortalecen la relación todos los días.

2

¿CÓMO SÉ QUE TENEMOS UN BUEN MATRIMONIO?

¡Tú eres bella, amada mía; eres muy bella!
¡Tus ojos son dos luceros!

¡Tú eres hermoso, amado mío!
¡Eres un hombre encantador!
—Cantares 1:15-16 (TLA)

El matrimonio es la expresión libre y voluntaria de una pareja que, luego de haber disfrutado una buena amistad y un noviazgo que les ayudó a conocerse mejor, deciden unirse para construir una nueva familia. Esto implica dejar atrás las costumbres del hogar de origen y comenzar a construir las propias, establecer las prioridades y metas de la nueva familia, tomar las decisiones en consenso, dejar de idealizarnos y empezar a aceptarnos tal cual somos, y definir los valores sobre los cuales vamos a establecer el nuevo hogar.

Al contraer matrimonio, las personas vienen con costumbres, expectativas, deseos, temores, frustraciones, modelos aprendidos y sueños que desean cumplir. Esta es la materia prima con la que cuenta el nuevo matrimonio para edificar su relación, y debe de haber un buen fundamento para superar lo que necesitan dejar atrás y así comenzar a ser un "nosotros". Por esta razón, durante el noviazgo es recomendable un proceso de consejería con la meta de que trabajen lo que les ha lastimado, superen los temores a los que se enfrentan, definan los valores que les servirán de fundamento para edificar el matrimonio y lleguen a acuerdos que les permitan unificar las finanzas.

Todo matrimonio debe definir las reglas sobre cómo resolverán las diferencias, la forma en la que educarán a los hijos, los hábitos saludables que desean mantener y los límites que les ayudarán a complementarse el uno al otro, y no a depender.

Estar enamorados es fácil, pero amar cuando hay diferencias, conflictos, finanzas por administrar y fidelidad que guardar, es algo que debemos definir con la ayuda de alguien que nos oriente. No supongan que lo saben todo, ármense de la humildad suficiente para buscar la orientación de un buen consejero cuando sea necesario.

La pregunta que debemos hacernos constantemente es: ¿cómo saber si vamos bien en el matrimonio?

TODO MATRIMONIO DEBE DEFINIR LAS REGLAS SOBRE CÓMO RESOLVERÁN LAS DIFERENCIAS.

Comencemos por eliminar la idealización que podríamos tener sobre el matrimonio.

EL MATRIMONIO NO SIGNIFICA:

- Ausencia de problemas.
- Ausencia de diferencias.
- Ausencia de desilusiones.
- Ausencia de dolor.
- Un estado de perfección.
- Un estado de alegría constante.

Si esto fuera así viviríamos en una fantasía, en un mundo irreal, porque cada uno de nosotros es un ser humano con defectos y situaciones por superar, con momentos buenos y otros no tan buenos, con retos y con dificultades que nos afectan emocionalmente. Por otro lado, cada quien tiene una perspectiva distinta de ver el mundo, y esto producirá roces y malestar.

¿CÓMO SÉ QUE VAMOS MAL EN EL MATRIMONIO?

Cuando:

+ El temor y el irrespeto gobiernan la relación.

+ Las familias de origen gobiernan a la distancia nuestro matrimonio.

+ Impongo mi criterio y subestimo el pensamiento de la otra persona.

+ Soy totalmente dependiente o independiente de mi cónyuge.

+ He perdido mi propia identidad.

+ Hay falta reconocimiento y gratitud.

+ Idealizo a mi cónyuge.

+ Tengo altos niveles de frustración o de ira.

+ Existe la infidelidad.

+ Hay celos enfermizos y mucha inseguridad en la relación.

- Existe falta de perdón.

- Hay una sensación de inflexibilidad.

- Dejo que la amistad con otros afecte la relación de matrimonio.

- Los valores familiares no se han definido.

- No tenemos metas ni proyectos en común.

- Las prioridades de cada uno son diferentes.

- No hay orden en las finanzas.

Debemos aprender a identificar las cosas que están mal para trabajarlas, con el fin de que no se instalen y se conviertan en algo que dañe lo que hemos construido con esfuerzo. Si estas características están presentes en nuestro matrimonio, debemos atenderlas lo más pronto posible.

El matrimonio es la construcción de una relación donde las personas se saben libres, respetadas, respaldadas, animadas, aceptadas, valoradas y amadas. No significa perfección; significa tener claro lo que deseamos en la relación.

El matrimonio es aprender a vivir juntos, también es aceptación, adaptación, valoración, realización y superación individual y familiar, expresiones de afecto, metas compartidas y metas individuales, y una alta dosis de tolerancia.

¿CÓMO LOGRAMOS TENER LA MEJOR ACTITUD PARA EDIFICAR UN BUEN MATRIMONIO?

Pablo nos muestra el camino en Filipenses 2. Aplique estos principios a su matrimonio.

Por tanto, si sienten algún estímulo en su unión con Cristo, algún consuelo en su amor, algún compañerismo en el Espíritu, algún afecto entrañable, llénenme de alegría **teniendo un mismo parecer, un mismo amor, unidos en alma y pensamiento.** *No hagan nada por egoísmo o vanidad; más bien, con humildad consideren a los demás como superiores a ustedes mismos. Cada uno debe velar no solo por sus propios intereses, sino también por los intereses de los demás. La actitud de ustedes debe ser como la de Cristo Jesús, quien, siendo por naturaleza Dios, no consideró el ser igual a Dios como algo a qué aferrarse. Por el contrario, se rebajó voluntariamente, tomando la naturaleza de siervo y haciéndose semejante a los seres humanos. Y, al manifestarse como hombre, se humilló a sí mismo y se hizo obediente hasta la muerte, ¡y muerte de cruz! Por eso Dios lo exaltó hasta lo sumo y le otorgó el nombre que está sobre todo nombre, para que ante el nombre de Jesús se doble toda rodilla en el cielo y en la* *tierra y debajo de la tierra, y toda lengua confiese que Jesucristo es el Señor, para gloria de Dios Padre.*

(Filipenses 2:1-11)

Destaco algunos de los secretos compartidos por Pablo.

En primer lugar, la unidad en el matrimonio solo la pueden lograr los que tienen un mismo espíritu, un mismo sentir, el mismo interés, un mismo amor y un mismo parecer. Este debe ser nuestro principal objetivo en el matrimonio, alcanzar un mismo sentir hasta tener un mismo corazón. No significa uniformidad o estar de acuerdo en todo, pero sí nos permite tener conciencia de que, pase lo que pase, nada nos podrá dividir. *Uno solo puede ser vencido, pero dos pueden resistir. ¡La cuerda de tres hilos no se rompe fácilmente!.* (Eclesiastés 4:12), porque tenemos un mismo interés, un mismo deseo, y este es hacer lo correcto para lograr la perfecta unidad, alcanzar un amor fuerte y una convivencia agradable.

Filipenses nos invita a estar unidos en un mismo pensamiento y sentir. Nuestro deseo debe ser siempre fortalecer la unidad, tener claro que si nos equivocamos no es porque deseamos herir, sino porque somos diferentes y, por lo tanto, debemos reconciliarnos si nos hemos lastimado. Ambos debemos partir de que tenemos el deseo de edificar y construir una relación saludable.

Pablo nos indica que, si rendimos nuestro corazón a Cristo Jesús, el fruto de vivir para Él se manifestará en nuestro carácter y forma de ser. Tal y como lo describe Gálatas 5: *El fruto del Espíritu es amor, alegría, paz, paciencia, amabilidad, bondad, fidelidad, humildad y dominio propio. No hay ley que condene estas cosas* (Gálatas 5:22-23). Quien tiene este fruto en su vida, contribuye de la mejor manera en la edificación de su matrimonio, cuya convivencia es agradable, placentera y edificante. Todos debemos desear ser más tolerantes, amables, alegres y con un alto nivel de dominio propio.

NUESTRO DESEO DEBE SER SIEMPRE FORTALECER LA UNIDAD.

Es agradable vivir con alguien que es alegre, bondadoso, amable y servicial. Estas características no son naturales en el ser humano, principalmente si está herido por las vivencias del pasado. Por eso debemos permitir que sea Dios el que nos guíe a tener la actitud correcta para edificar la familia que amamos.

¿CÓMO SÉ QUE VAMOS BIEN EN EL MATRIMONIO?

+ Porque nos aceptamos tal cual somos.

+ Entiendo el matrimonio como un proceso que tiene momentos buenos y otros no tan buenos.

+ Respetamos la individualidad de cada uno. Esto implica que debe mantenerse un equilibrio entre la unión y la individualidad.

+ Generamos el espacio necesario para la realización individual de ambos.

+ Nos sabemos amados y valorados por nuestro cónyuge.

+ Hemos aprendido a resolver nuestras diferencias, y a comunicarnos con respeto y consideración.

+ Vamos bien cuando nos amamos sin depender de nuestro cónyuge.

+ Somos capaces de realizar proyectos juntos y lo disfrutamos.

+ Somos amigos; tenemos una amistad que se inspira y se desarrolla a partir de la confianza, del tiempo compartido y del deseo sincero de estar juntos.

+ Estamos alcanzando realización familiar y personal.

+ No le temo, ni me teme.

- Hemos aprendido a administrar las finanzas en un ambiente de consenso.

- Me siento libre de expresar lo que siento y lo que pienso, y genero el espacio para que mi cónyuge también lo haga.

- Hemos logrado la independencia de nuestras familias de origen.

- Decidimos que nuestro amor será para siempre y, por lo tanto, no depende de las emociones que suben y bajan, sino de la convicción de que Dios nos unió con el propósito de construir un legado que bendiga generaciones. Hemos aprendido a fundamentar el matrimonio en una convicción más que en un sentimiento.

- Estamos juntos en las buenas y en las malas, en los momentos buenos y en los tiempos difíciles.

El matrimonio va bien cuando hemos pasado de la idealización a la realidad, porque amar significa aceptar a la otra persona tal cual es; es proponerme sacar de ella lo mejor, es una decisión que se sostiene en el tiempo, es un romance que se cuida con detalles.

El matrimonio es un proceso en el que siempre estamos aprendiendo, y así ambos nos desarrollamos y nos realizamos.

Todo matrimonio exitoso conoce los fundamentos de una sana convivencia. La rutina puede hacer que nos acostumbremos y esto hace que descuidemos lo que es importante en la convivencia. Hay algunos principios que nos pueden ayudar a fortalecer la relación.

Le comparto diez principios que le ayudarán a hacer crecer el amor, fortalecer la relación con su cónyuge y a vivir en paz con quien ama.

1. MUESTRE RESPETO

Ámense los unos a los otros con amor fraternal, respetándose y honrándose mutuamente.

(Romanos 12:10)

Toda persona merece respeto. En un matrimonio nunca es apropiado lastimar al cónyuge, y la violencia no es aceptable en ninguna relación. Si su matrimonio se desgasta en peleas, deténgase antes de que sea demasiado tarde; es mejor vivir en paz que herir a quien amo. El problema no está en las diferencias de criterio que tenemos, sino más bien en ¿por qué le lastimo si le amo? Si nos responsabilizamos por la forma en la que manejamos nuestras emociones, todo cambia en el ambiente.

2. EXPRESEN AFECTO

La mejor forma de animar a su cónyuge es expresando cariño y afecto. Pase tiempo con su cónyuge, abrace, bese y acaricie, esto nos acerca y hace agradable la convivencia. Tómense de las manos, despídase de su cónyuge con un beso y dé abrazos prolongados.

Más bien, sean bondadosos y compasivos unos con otros, y perdónense mutuamente, así como Dios los perdonó a ustedes en Cristo" (Efesios 4:32)

PASE TIEMPO CON SU CÓNYUGE, ABRACE, BESE Y ACARICIE

Cuando somos compasivos con la persona que amamos, somos capaces de disimular los defectos, disculpar los errores y perdonar rápidamente.

En fin, vivan en armonía los unos con los otros; compartan penas y alegrías, practiquen el amor fraternal, sean compasivos y humildes. No devuelvan mal por mal ni insulto por insulto; más bien, bendigan, porque para esto fueron llamados, para heredar una bendición. En efecto, «el que quiera amar la vida y gozar de

*días felices, que refrene su lengua de hablar el mal y sus
labios de proferir engaños.* (1 Pedro 3:8-10)

Vivimos en armonía cuando nos mostramos vulnerables y compartimos con la persona que amamos aquellas alegrías y dificultades que experimentamos. Esto nos hace íntimos y cercanos.

El amor fraternal se fortalece cuando somos sensibles a las necesidades de nuestro cónyuge y nos identificamos con sus dolores y alegrías. Una de las metas más importantes que tenemos en el matrimonio es llegar a convertirnos en los mejores amigos.

3. COMUNÍQUESE SABIAMENTE

Exprese lo que le agrada, disimule los defectos y exprese lo que le lastima. Elijan un lugar especial para dialogar, hablen de todo y disfruten estar juntos. No juzgue, ni critique, afirme y sea un buen conversador. No espere que su cónyuge adivine lo que desea, él no es adivino, dígale lo que necesita.

Enfríe sus emociones cuando esté alterado, no hable con enojo. Es mejor dialogar que lamentar haber dicho algo hiriente.

> *Las palabras que brindan consuelo son la mejor medicina; las palabras dichas con mala intención son causa de mucha tristeza.* (Proverbios 15:4 TLA)

4. SEA COMPASIVO Y PERDONE CON PRONTITUD

> *Sopórtense unos a otros, y perdónense si alguno tiene una queja contra otro. Así como el Señor los perdonó, perdonen también ustedes.* (Colosenses 3:13 DHH)

Para vivir juntos debemos saber perdonar, porque somos y vivimos con alguien imperfecto. Todos cometemos errores, y si esto perjudica a quien amamos, debemos disculparnos. Sea generoso y compasivo cuando su cónyuge cometa un error.

RECUERDEN LA FORMA EN QUE SE HABLABAN CUANDO ERAN NOVIOS Y ACTÚEN DE LA MISMA MANERA AHORA.

---

5. SEA AMABLE

Recuerden la forma en que se hablaban cuando eran novios y actúen de la misma manera ahora. Ser una persona amable es ser generoso, compasivo, gentil y servicial. Es hablar en el tono y con la actitud correcta.

Así lo aconseja el sabio Salomón:

* *La respuesta amable calma el enojo....* (Proverbios 15:1 TLA)

* *Las palabras dulces son un panal de miel: endulzan el ánimo y dan nuevas fuerzas.* (Proverbios 16:24 DHH)

Dios nos permita hablar con palabras que edifiquen, para que siempre traigamos consuelo, ánimo, y demos nuevas fuerzas a quien amamos.

6. SEA AGRADECIDO

Piense en lo que le agrada de su cónyuge y dígalo. Elimine la crítica y decida ser agradecido. Ignore los pequeños errores, todos los cometemos, y aprecie las grandes virtudes que identifican a su cónyuge.

> *Estén siempre alegres. Nunca dejen de orar.* **Sean agradecidos en toda circunstancia, pues esta es la voluntad de Dios para ustedes,** *los que pertenecen a Cristo Jesús.* (1 Tesalonicenses 5:16-18 NTV)

7. SEA FIEL

La infidelidad lo destruye todo. Proteja su matrimonio de esta devastación. La mejor forma de hacerlo es resistiendo la tentación y corriendo en la dirección opuesta si se siente atraído por alguien más. Valore la historia que han construido juntos y aprecie la seguridad que le otorga su familia.

Fortalezca la confianza, no tenga secretos, aléjese de las relaciones peligrosas.

Lleve su anillo de bodas en todo momento. Sea íntimo con su cónyuge, exprese cariño, hablen temas personales, tengan intimidad sexual frecuentemente, sea complaciente y envíe mensajes de amor a su cónyuge.

8. VIVA EN EQUILIBRIO

Viva en equilibrio entre la familia, el trabajo, los amigos, sus pasatiempos y el descanso. Tome tiempo con su cónyuge cada día; tiempo para dialogar, comer y pasear juntos.

Tome tiempo para descansar, renovar sus fuerzas, aclarar sus pensamientos, hablar con Dios en lo íntimo, hacer ejercicio y leer un buen libro. Esto le ayuda a tener una mejor actitud cuando se relaciona con su cónyuge.

No deje que el trabajo tome toda su fuerza, energía y creatividad, su familia necesita verle alegre, realizado y feliz.

Cuando se comprometa con su familia para tomar vacaciones, días de descanso o asistir a actividades deportivas o culturales de sus hijos, cumpla con su palabra y no permita que nada ni nadie interrumpa estos momentos memorables. Son estos momentos los que quedan en la mente como los mejores recuerdos.

9. HABLE LA VERDAD SIEMPRE

No mienta a su cónyuge, hable la verdad, aunque duela, esto aumenta la confianza y los convierte en íntimos amigos. Así nos instruye Pablo:

> *Consideren bien todo lo verdadero, todo lo respetable, todo lo justo, todo lo puro, todo lo amable, todo lo digno de admiración, en fin, todo lo que sea excelente o merezca elogio.* (Filipenses 4:8)

10. TOMEN DECISIONES EN CONSENSO

Siempre decidan las cosas importantes de la familia juntos. La opinión de su cónyuge es importante; tómele en cuenta para decidir lo trascendental y no suponga, pregunte.

Decidan cuáles serán los diez valores que les servirán de fundamento para edificar un matrimonio sólido y saludable.

Estos valores deben prevalecer siempre y así podrán tener una vida familiar agradable y extendida en el tiempo.

3

CARACTERÍSTICAS DEL AMOR

*El amor es paciente y bondadoso. El amor no es celoso
ni fanfarrón ni orgulloso ni ofensivo.
No exige que las cosas se hagan a su manera. No se
irrita ni lleva un registro de las ofensas recibidas. No
se alegra de la injusticia, sino que se alegra cuando
la verdad triunfa. El amor nunca se da por vencido,
jamás pierde la fe, siempre tiene esperanzas y se
mantiene firme en toda circunstancia.*
—1 Corintios 13:4-7 NTV

El amor no es una relación que se fundamenta totalmente
en las emociones, porque estas son cambiantes, y si así lo

fuera, tendríamos una relación inestable. El amor posee características propias que lo identifican; por esta razón debemos reconocer las marcas que identifican el amor para saber distinguirlo. Estas características no se negocian y deben estar presentes en toda relación caracterizada por el amor. Cuando estas características descritas en 1 Corintios 13 están presentes en el matrimonio, la relación resiste las pruebas del camino y se fortalece con el tiempo.

1. EL AMOR ACEPTA

El amor crece cuando nos conocemos a profundidad y nos aceptamos tal cual somos. Para que el amor permanezca en el tiempo, es necesario que nos aceptemos con nuestras virtudes y defectos, en nuestros momentos buenos y en los malos, en las áreas en las que somos excelentes y en las que no tanto. El amor no obliga al otro a cambiar su forma de ser o de pensar, el amor acepta a la otra persona tal cual es.

Nuestro trabajo no consiste en corregir a nuestro cónyuge por su forma de ser, ni insistir en que cambie sus hábitos y costumbres. El amor consiste en amarle tal cual es y, cuando comprendemos que amar es aceptar, apreciar y valorar, es fácil admirarle y respetarle. No significa que no hagamos sugerencias cuando tenemos otra forma de pensar o nos sintamos lastimados por la forma en la que nos tratan. Pero hay costumbres, hábitos y prácticas que son parte de la personalidad de nuestro cónyuge y merecen ser respetados.

Uno de los problemas en el matrimonio es que, por el exceso de confianza, nos pasamos corrigiendo a nuestro cónyuge. Lo peor de todo es que lo hacemos como si sintiéramos la responsabilidad de corregirlo como un padre o una madre. Esto puede lastimar más a la otra persona porque le hace sentir inútil, incapaz y menospreciado.

Podemos dar sugerencias para mejorar nuestra convivencia, pero eso no nos da el derecho de imponer nuestro criterio. El amor no se impone, no manipula, no obliga al otro a tener una conducta para ser amado.

El amor no se otorga a partir de que la otra persona cambie, el amor se entrega con alegría, porque es la persona a la que he elegido amar, así como es.

El amor no se condiciona, es un regalo que se otorga libre y voluntariamente.

EL AMOR NO SE OTORGA A PARTIR DE
QUE LA OTRA PERSONA CAMBIE,
EL AMOR SE ENTREGA CON ALEGRÍA.

Tal y como lo expone Pablo: el amor *no exige que las cosas se hagan a su manera* (1 Corintios 13:5 NTV). Amamos de verdad cuando somos tolerantes con la otra persona, a tal punto que respetamos su forma de pensar, su forma de ser y su forma de actuar. No significa que es fácil, porque muchas veces es irritante ver a la otra persona hacer cosas que nos molestan o incomodan ya que tenemos hábitos y costumbres diferentes; o bien porque pensamos que no está bien la forma en la que lo hace. Nos molesta y nos enoja porque somos egoístas y no toleramos que el otro haga las cosas diferente a nosotros. Por lo tanto, amar no es subyugar a la otra persona a mi forma de ser y de pensar, amar es permitir que mi cónyuge se sienta respetado en su forma de ser.

Las preguntas que surgen son: ¿Mi cónyuge me tiene miedo? ¿Se siente criticado constantemente por mí? ¿Tiendo a corregir todo lo que hace o dice? ¿Tengo miedo a la reacción de mi cónyuge?

En nuestro matrimonio, Helen guarda todas las facturas y papeles; su cartera está llena de papeles. Yo tiro todo a la basura porque me incomoda llenarme de papeles. Ninguno debe imponer su forma de ser al otro, el secreto consiste en respetar la costumbre que el otro tiene. Cuando hago que mi cónyuge se siente mal o inapropiado todo el tiempo, o teme a mi reacción, hay algo que debemos cambiar.

Algunos ejemplos:

+ **Si estamos con un grupo de amigos y mi cónyuge cuenta una historia, y yo creo que los hechos no ocurrieron como los está contando:** ¿Le corrijo delante de todos? ¿Me burlo por su falta de precisión? ¿Le ridiculizo indicándole a todos que las cosas no son como las está contando? Lo importante no es la historia en sí, es el sentimiento que transmite cuando la cuenta, porque cuando se cuenta una historia, tendremos tantas versiones como personas la cuenten.

+ **Si mi cónyuge conduce el auto:** ¿Le estoy indicando por dónde debe de ir? ¿Corrijo su forma de conducir? ¿Le digo que conduce muy mal? No significa que no debo advertir si estamos ante un peligro inminente, pero la forma en la que debo tratar a mi cónyuge es igual a la que trato a un amigo, a un compañero de trabajo o a un hermano cuando conduce. Las preguntas que surgen son: ¿Por qué me siento en la libertad de estar corrigiendo a mi cónyuge cuando conduce el auto? ¿Hago lo mismo con otras personas o solo lo hago con mi cónyuge? ¿Se siente intimidado o temeroso cuando voy a su lado en el auto?

+ **¿Le digo constantemente cómo se deben hacer las cosas?** Si siente que debe estar diciendo a su cónyuge cómo se deben hacer las cosas, está imponiendo su forma de pensar, y eso está en contra de las características del amor. Puedo sugerir una forma de hacer las cosas, pero sentirme en la obligación de estar corrigiendo a mi cónyuge cuando hace cualquier cosa, indica que estoy asumiendo un rol paterno o materno, y eso está equivocado. Puede que su cónyuge no sepa hacer algo, pero espere que le pregunte antes de dar una sugerencia. Si lo critica o lo corrige constantemente, aumenta su inseguridad y siempre estará esperando ser criticado, el regaño y la corrección. El respeto se manifiesta aun cuando considero que hay una mejor forma de hacerlo.

2. EL AMOR ES PACIENTE

El amor nos inspira a transformarnos en personas pacientes. La paciencia se demuestra cuando no nos apresuramos a sacar conclusiones, sino que escuchamos primero; también se demuestra cuando tenemos una buena actitud en lugar de enfadarnos con facilidad, y al responder con tranquilidad cuando tenemos diferencias. Nos demostramos mutuamente misericordia y nos esforzamos por ser más tolerantes.

La paciencia nos permite comprender que los dos fallamos y que, como humanos, en algún momento también necesitaremos la comprensión y la tolerancia del otro. Ser paciente es responder en forma positiva frente a una situación negativa.

EL AMOR NOS INSPIRA A TRANSFORMARNOS EN PERSONAS PACIENTES.

La Biblia es clara al indicarnos que la paciencia nos convierte en personas prudentes, y con discernimiento. La paciencia es un fruto del Espíritu de Dios cuando conduce nuestra vida.

Lo opuesto a la paciencia es ser impulsivo. Si somos imprudentes e impulsivos nos podemos volver personas agresivas, hirientes y poco empáticas con nuestro cónyuge.

+ *El iracundo comete locuras, pero el prudente sabe aguantar.* (Proverbios 14:17)

+ **El que es paciente muestra gran discernimiento; el que es agresivo muestra mucha insensatez.** (Proverbios 14:29)

♦ *El fruto del Espíritu es amor, alegría, paz, **paciencia,** amabilidad, bondad, fidelidad, humildad y dominio propio.* (Gálatas 5:22-23)

Todos vamos a cometer errores y a pensar diferente, esto es más evidente cuando vivimos juntos en el vínculo del matrimonio. Por eso Pablo nos anima a que seamos humildes, amables entre nosotros, y nos inspira a ser pacientes y tolerantes. Es lo que permite hacer crecer el amor y convierte el hogar en un lugar agradable para vivir. *Sean siempre humildes y amables. Sean pacientes unos con otros y tolérense las faltas por amor* (Efesios 4:2 NTV).

Si dejamos que los principios bíblicos dirijan nuestra vida matrimonial, encontraremos la fórmula perfecta para convertir nuestro hogar en un jardín lleno de color, vida, alegría y comprensión. Pablo nos indica el camino:

> *Por lo tanto, como escogidos de Dios, santos y amados, revístanse de afecto entrañable y de bondad, humildad, amabilidad y paciencia, de modo que se toleren unos a otros y se perdonen si alguno tiene queja contra otro. Así como el Señor los perdonó, perdonen también ustedes. Por encima de todo, vístanse de amor, que es el vínculo perfecto.* (Colosenses 3:12-14)

3. EL AMOR ES AMABLE

La amabilidad nos convierte en personas agradables. Cuando somos amables, las personas desean estar cerca. Perciben que somos buenos con ellos y que les hace bien nuestra compañía. Ser amable es algo práctico y requiere acciones concretas como estar atento a las necesidades del otro, buscar la forma de servir con prontitud, estar dispuesto a ayudar y a tener la iniciativa para atender y hacer sentir bien al ser amado. Cuando somos amables con nuestro cónyuge, al ver una necesidad, procuramos colaborar con alegría.

LA AMABILIDAD NOS AYUDA
A DESARROLLAR AUTOCONTROL,
Y ESTO AÑADE ALEGRÍA Y GRATITUD.

Somos amables cuando saludamos y correspondemos el saludo con calidez y cercanía. Somos amables cuando sonreímos y añadimos alegría a la convivencia. Cuando estamos presentes en la vida de nuestro cónyuge y nos interesamos en sus cosas.

Somos amables cuando solicitamos las cosas de buena manera. Utilicemos un "por favor", digamos "gracias", "con mucho gusto", "para servirte", "ha quedado muy bien", o bien "hiciste un excelente trabajo". Estas palabras llenan el alma y añaden un buen perfume al ambiente del hogar.

Soy amable cuando cedo el puesto, abro la puerta a mi esposa, espero a que esté lista, y cuando reconozco sus logros.

Soy amable cuando soy puntual en los compromisos adquiridos, cuando cumplo la palabra que empeñé y presto atención cuando dialogamos. Eso implica no responder el teléfono si estamos comiendo en familia, no estar conectado a las redes sociales cuando estamos juntos y no distraernos respondiendo mensajes cuando dialogamos.

Somos amables cuando sorprendemos a nuestro cónyuge con algo que le agrada, o bien cuando le damos un obsequio sin estar celebrando una fecha especial. Estos gestos de amabilidad hacen crecer el amor y nos convierten en personas agradables.

Para ser amable se necesita iniciativa, emoción, alegría, afecto y, sobre todo, un corazón sano.

4. EL AMOR ES BONDADOSO

Una persona bondadosa tiene una tendencia natural a hacer el bien espontáneamente. No media un interés oculto o personal, porque una persona bondadosa hace lo mejor posible por agradar a quien ama.

Una persona bondadosa es generosa, compasiva, amable, leal, honesta, responsable, y en todo lo que hace existe una alta dosis de respeto a la dignidad del ser amado. Pablo nos invita a ser bondadosos, y pone este atributo al lado de otros que identifican el amor: *...Sean bondadosos y compasivos unos con otros, y perdónense mutuamente, así como Dios los perdonó a ustedes en Cristo.* (Efesios 4:32)

Una persona bondadosa inspira paz, confianza, libertad, y se muestra cercana al corazón de la persona que ama.

No se puede ser bondadoso, sin ser compasivo y desprendido con quien dice amar. Esta es la invitación que nos hace Dios: *Siempre que tengamos la oportunidad, hagamos bien a todos...* (Gálatas 6:10)

Si hay una palabra que signifique lo opuesto al amor, es "egoísmo". Cuando una persona pone sus intereses, sus deseos y sus prioridades antes que, al ser amado, es una señal de egoísmo. La cultura que nos rodea nos enseña a concentrarnos en nuestra apariencia, nuestros sentimientos y nuestros deseos personales, como si fuera la prioridad fundamental. Pero cuando hay amor entre ambos, ninguno de los dos se cansa de dar, de entregar, de hacer el bien y de velar por las necesidades del otro, porque esta es su naturaleza.

5. EL AMOR NO ES GROSERO

Ser grosero significa decir o hacer algo innecesario que le haga pasar un mal momento a la persona que está cerca. Ser grosero es actuar en forma irritante y humillar a la persona que decimos amar.

Actuamos groseramente cuando hacemos bromas que hieren, decimos sobrenombres que descalifican o utilizamos el sarcasmo para lastimar. El amor genuino cuida el corazón del otro, le respeta en todo momento y reconoce sus virtudes.

Ser grosero es carecer de tacto, de delicadeza y de amabilidad con la persona amada. Todos vivimos momentos de enojo, frustración, cansancio y estrés, pero nada justifica una actitud grosera que hace sentir menospreciada a la otra persona. Por eso, si hemos lastimado debemos disculparnos inmediatamente y examinar qué nos condujo a la actitud grosera, porque **el amor no es grosero, áspero, egoísta o malintencionado.**

Si tenemos una actitud grosera debemos corregirla inmediatamente, para que no se convierta en un mal hábito, lo cual puede llenar el hogar de hostilidad, menosprecio o actitudes hirientes.

¿Cómo reaccionar ante un cónyuge grosero? El sabio Salomón nos invita a mantener la calma y a no tomar como un ataque personal lo que el otro está diciendo. Cada persona es responsable del manejo de sus emociones y de cómo reacciona ante un acontecimiento.

Una tendencia de las personas groseras es culpar al otro por su reacción. Pero no podemos caer en la trampa de tomarlo personal. Todos hemos tenido malos días o no descansamos lo suficiente y estamos irritados. Es en estas circunstancias donde el sabio Salomón nos invita a no caer en la trampa de gritar o insultar: *La respuesta amable calma el enojo, pero la agresiva echa leña al fuego.* (Proverbios 15:1) Aunque cuesta, debemos reaccionar con amabilidad ante un acto grosero. Es lo que nos permite enfriar las emociones alteradas, reflexionar ante lo acontecido y reconciliarnos. *La lengua que brinda alivio es árbol de vida; la lengua insidiosa deprime el espíritu.* (Proverbios 15:4)

Otra forma de evitar caer en la trampa de la provocación ante un acto grosero es "pedir tiempo fuera". Un tiempo fuera significa alejarnos un poco para enfriar las emociones, hasta que volvamos al pensamiento equilibrado.

Es lo que nos permite actuar como pacificadores y no como necios.

LA RESPUESTA AMABLE CALMA EL ENOJO, PERO LA AGRESIVA ECHA LEÑA AL FUEGO.

Cambie de tema si el ambiente está muy tenso y nos estamos volviendo groseros. Así su cónyuge comprenderá que no es la forma de reaccionar. Si le pregunta la razón por la que está cambiando el tema, indique que lo hace porque no están reaccionando bien, y que cuando se sientan mejor usted retomará el tema.

Identifíquese con lo que está pasando su cónyuge y exprésele que lo comprende y que están juntos en el mismo barco. Esto puede ayudar a que la otra persona se sienta acompañada y apreciada.

6. EL AMOR PERDONA RÁPIDAMENTE

*El amor es paciente y bondadoso. El amor no es celoso ni fanfarrón ni orgulloso **ni ofensivo**. No exige que las cosas se hagan a su manera. **No se irrita ni lleva un registro de las ofensas recibidas.** No se alegra de la*

injusticia, sino que se alegra cuando la verdad triunfa.
El amor nunca se da por vencido, jamás pierde. la fe, siempre tiene esperanzas y se mantiene firme en toda circunstancia (1 Corintios 13:4-7 NTV)

He resaltado en negrita las características que se necesitan para poder vivir el perdón en el matrimonio. Esto nos permitirá comprender cómo vivir un amor que crece con el tiempo.

En el matrimonio debemos tener la convicción de que no nos vamos a dar por vencidos; es decir, que no importa lo que suceda, lucharemos hasta el final por mantener una relación saludable, estable y proyectada en el tiempo. Por lo tanto, el amor nos permite superar los momentos difíciles y la decepción. Para lograr esta virtud de tener un matrimonio extendido en el tiempo, no podemos vivir reclamando por los errores del pasado. Debemos vivir libres y ligeros de equipaje. Por eso Pablo nos recuerda que **el amor no lleva el registro de las ofensas recibidas, y las perdona inmediatamente.**

Vamos a enfrentar momentos difíciles, decepcionantes, y muchas veces vamos a querer recordar lo que el otro nos hizo como una forma de hacer justicia, pero esto solo aumenta el dolor y nos conduce a la amargura. La amargura lo va a contaminar todo, porque nos hará gritar, ofender, lastimar y tener deseos de venganza.

En el matrimonio nos vamos a decepcionar, nos vamos a fallar y nos vamos a herir el uno al otro, y esto requiere una alta dosis de humildad para pedir perdón cuando hemos lastimado, pero también para perdonar inmediatamente.

Al describir el amor, Pablo nos indica que es un estilo de vida, una decisión que requiere un carácter bien fundamentado y una convicción profunda que rige nuestra manera de ser y de actuar. Es difícil perdonar al cónyuge si mi corazón está herido por episodios del pasado, porque vivo como víctima y no como una persona capaz de perdonar con prontitud.

Amar es controlar nuestros sentimientos en lugar de permitirnos ofender, y recurrir al perdón en vez de ser vengativo. Una persona que ama demuestra misericordia y controla sus reacciones emocionales. El amor nos guía a perdonar en lugar de guardar rencor. Por eso Pablo nos recuerda que perdonar es no llevar el registro de las ofensas recibidas; y la única forma de liberarnos de la amargura, el rencor y el deseo de venganza, es perdonando. El perdón es lo que nos permite romper la lista de las cosas que nos han herido.

Dios, comprendiendo que somos personas que nos herimos con facilidad, nos dejó una medicina efectiva que sana el corazón, elimina la ira, evita la separación y nos ayuda a descubrir cuánto valemos y cuánto valen los que nos rodean. La medicina que sana el corazón herido es el perdón.

AMAR ES CONTROLAR NUESTROS SENTIMIENTOS EN LUGAR DE PERMITIRNOS OFENDER, Y RECURRIR AL PERDÓN EN VEZ DE SER VENGATIVO.

Nuestro Señor Jesucristo nos indica que al perdonar seremos recompensados con una media superior de paz, gozo y alegría:

No juzguen, y no se les juzgará. No condenen, y no se les condenará. Perdonen, y se les perdonará. Den, y se les dará: se les echará en el regazo una medida llena, apretada, sacudida y desbordante. Porque con la medida que midan a otros, se les medirá a ustedes.

(Lucas 6:37-38)

El perdón es una fuerza poderosa que remueve los obstáculos y hace posible que el matrimonio se reconcilie y restablezca su amistad.

Perdonar es eliminar lo que impide la reconciliación. Esto implica sacrificio, decisión y acción, lo que producirá sentimientos de paz, amor y esperanza. Se decide perdonar primero y, mientras se camina en la dirección correcta, se llega a experimentar un nuevo sentimiento de afecto y esperanza.

7. EL AMOR RECONOCE LAS CARACTERÍSTICAS POSITIVAS

El amor nunca se cansa de admirar los talentos, habilidades y cualidades que tiene la otra persona. Cuando amamos, nos sentimos dichosos de estar con alguien a quien admiramos.

Cuando admiramos, reconocemos lo positivo en lugar de resaltar las debilidades y los fracasos. El amor no ignora que existen áreas que se deben mejorar, pero decide concentrarse en valorar las virtudes que identifican a quien decimos amar. El amor se alegra cuando nuestro cónyuge triunfa y le va bien en la vida, porque el amor no compite, no envidia, ni tiene celos.

8. EL AMOR CONCEDE HONOR

Honrar a alguien significa respetarlo, tenerlo en alta estima y tratarlo como a una persona especial. De igual forma, nos sentimos valorados cuando la persona que amamos es cortés, educada, toma en serio lo que decimos y nos habla con respeto y consideración.

9. EL AMOR ES INCONDICIONAL

El amor solo puede durar toda la vida si es incondicional y se compromete. El amor es una decisión sostenida en el tiempo y, si ambos deciden comprometerse, deben amarse en cualquier circunstancia: en la salud y en la enfermedad, en la riqueza y en la pobreza. Amar es permanecer juntos hasta que la muerte nos separe. El amor incondicional no se fundamenta en las circunstancias o en las emociones, es sostener en el tiempo que prometimos permanecer juntos hasta el final.

En el libro de Rut leemos la historia de Noemí. Ella enviuda y sus dos hijos mueren. Ante este hecho, su nuera, Rut, decide acompañarle a Belén, su tierra natal. En medio del dolor que vive Noemí invita a sus dos nueras a que regresen a la casa de sus madres y Orfa lo hace. Noemí la despide con un beso y anima a Rut a que haga lo mismo, pero Rut se compromete en amarla hasta el final de sus días. Es aquí donde hace una de las declaraciones de amor más impresionantes que se haya escrito:

Pero Rut respondió: —¡No insistas en que te abandone o en que me separe de ti! Porque iré adonde tú vayas, y viviré donde tú vivas. Tu pueblo será mi pueblo, y tu Dios será mi Dios. Moriré donde tú mueras, y allí seré sepultada. ¡Que me castigue el SEÑOR con toda severidad si me separa de ti algo que no sea la muerte! Al ver Noemí que Rut estaba tan decidida a acompañarla, no le insistió más" (Rut 1:16-18)

EL AMOR INCONDICIONAL NO SE FUNDAMENTA EN LAS CIRCUNSTANCIAS O EN LAS EMOCIONES, ES SOSTENER EN EL TIEMPO QUE PROMETIMOS PERMANECER JUNTOS HASTA EL FINAL.

El amor se compromete, permitiéndonos superar los momentos de desánimo, conflicto o desilusión. Este nivel de compromiso hace que el amor crezca con el tiempo y nos permite escribir historias maravillosas. Le narro lo que ocurre con Rut cuando decide trabajar duro, amar a Noemí y confiar en Dios: *Así que Booz tomó a Rut y se casó con ella. Cuando se unie-*<u>*ron, el Señor le concedió quedar embarazada*</u>*, de modo que tuvo un hijo. Las mujeres le decían a Noemí.* **¡Alabado sea el Señor, que no te ha dejado hoy sin un redentor!** <u>**¡Que llegue a tener renombre en Israel! Este niño renovará tu vida y te sustentará**</u>

en la vejez, porque lo ha dado a luz tu nuera, que te ama y es para ti mejor que siete hijos. Noemí tomó al niño, lo puso en su regazo y se encargó de criarlo. Las vecinas decían: «¡Noemí ha tenido un hijo!» Y lo llamaron Obed. Este fue el padre de Isaí, padre de David. (Rut 4:13-17)

Cuando decidimos comprometernos y amar hasta el final, Dios siempre nos va a sorprender más de lo que podemos imaginar. Por eso, escriba una historia digna de ser contada por su descendencia.

4

LA CONFIANZA CONSTRUYE UN MATRIMONIO INQUEBRANTABLE

Más valen dos que uno, porque obtienen más fruto de
su esfuerzo. Si caen, el uno levanta al otro.
¡Ay del que cae y no tiene quien lo levante!
Si dos se acuestan juntos, entrarán en calor;
uno solo ¿cómo va a calentarse?
—Eclesiastés 4:9-11

Uno de los pilares más importantes para tener un sólido matrimonio es la confianza.

La confianza nos permite tener la seguridad de que nuestro amor es para toda la vida y que es agradable vivir cerca de la persona amada. Es un valor que no se puede imponer; se gana con el tiempo, siendo fieles el uno con el otro y comunicándonos con una alta dosis de respeto. La confianza crece cada día cuando somos sinceros entre nosotros y compartimos los sueños, proyectos, metas, retos, desafíos, adversidad, alegrías y sonrisas.

La confianza no supone una conducta perfecta, porque somos seres humanos con defectos. Por lo tanto, la confianza no depende de emociones que suben y bajan, sino de la convicción de que estamos juntos porque nos amamos y nos esforzamos por dar lo mejor de nosotros por el bien de la relación.

Donde hay confianza hay cercanía, amistad, amor y alegría. Es importante distinguir los elementos que fortalecen la confianza para hacerlos prevalecer y afirmarlos con el tiempo.

Existe confianza en el matrimonio cuando ambos cónyuges tienen la seguridad de que las intenciones de su cónyuge son buenas. Por lo tanto, no hay lugar para los celos enfermizos, las dudas o la desconfianza.

La desconfianza es un antivalor. Puede desarrollarse por experiencias del pasado, porque no hemos perdonado los errores cometidos, por dudas imaginarias producto de nuestra inseguridad, por nuestros propios errores, o bien porque crecimos en una familia donde había infidelidad, maltrato y menosprecio, y nos acostumbramos a vivir en medio de todo eso, de tal forma que se normalizó.

LOS CELOS ENFERMIZOS

Los celos enfermizos despiertan todos los miedos que llevamos por dentro, y nos conducen a tratar de controlar a la otra persona, nos roban la confianza y lastiman más de lo que imaginamos. Los celos aniquilan cualquier matrimonio, y no provienen de Dios. Así lo dijo Santiago:

> *Donde hay celos y contiendas, allí hay desorden y toda práctica perversa. En cambio, la sabiduría que procede de lo alto es primeramente pura; luego es pacífica, tolerante, complaciente, llena de misericordia y de buenos frutos, imparcial y no hipócrita....*
>
> (Santiago 3:16-17 RVA-2015)

Si trato de controlar todo el tiempo a la otra persona, si necesito saber borrar dónde se encuentra, con quién habla, quién le escribe, y si constantemente le estoy diciendo a mi cónyuge cómo vestirse, estoy en un marco de celos enfermizos.

Vivir con una persona celosa puede convertir la relación en un infierno, porque ninguno de los dos experimenta libertad, paz, tranquilidad, seguridad y mucho menos confianza. Sin embargo, el matrimonio fue diseñado para ser disfrutado en paz, libertad y confianza.

SI NO SANO MIS EMOCIONES HERIDAS Y CONTROLO LAS REACCIONES AGRESIVAS, LAS ESCENAS DE CELOS PODRÍAN CONVERTIRSE EN ALGO FRECUENTE.

Los celos enfermizos no son un símbolo de interés genuino o de preocupación por la otra persona, es la expresión de emociones que están fuera de control. Si no sano mis emociones heridas y controlo las reacciones agresivas, las escenas de celos podrían convertirse en algo frecuente y llegar a ahogar al otro cónyuge.

Los celos enfermizos matan el amor, porque este se inspira en la confianza, la cercanía y la libertad.

Le comparto algunas señales que nos indican que existe una relación dominada por los celos:

- Controla constantemente el celular, para estar enterado de con quién está hablando, o a quién le está escribiendo.

* Le indica a la otra persona constantemente qué vestir y qué no ponerse, porque piensa que su vestir es seductor y lo hace para llamar la atención de los demás.

* Es una persona de pocos amigos y considera que su cónyuge no debe tener amigos del sexo opuesto. Incluso, intenta controlar quiénes deberían ser sus amigos.

* Cree que su cónyuge no tiene la capacidad de controlarse sexualmente.

* Cree que en cualquier momento su cónyuge le puede traicionar.

* Piensa que siempre hay alguien que desea interponerse en su matrimonio.

* Recrimina las relaciones anteriores de su cónyuge, pensando que podrían regresar en cualquier momento.

* En reuniones o fiestas pasa todo el tiempo controlando lo que hace su cónyuge, con quién habla y cómo se comporta.

* La persona celosa vive angustiada y piensa que su cónyuge es demasiado amoroso con todo el mundo. Es alguien que vive sin tener paz, alegría y confianza, y por lo tanto controla, castiga y domina; lo cual llega a matar el amor.

Ella dijo: "*Soy muy celosa. Tengo 20 años de casada y 3 niños, mi esposo es muy bueno, cariñoso y amable. Mi matrimonio ha sido muy bonito, pero yo siempre he tenido un gran defecto: soy muy celosa, pero al extremo, y también me cuesta mucho callarme las cosas que me incomodan o me inquietan con mi esposo. Siempre le estoy haciendo preguntas incómodas y con doble sentido. Pero últimamente los celos me están matando, me atacan mucho. No soporto cuando le suena el celular con mensajes de texto, y le hago preguntas. Él se mantiene en silencio y yo le hago preguntas.*

Hace una semana me dijo que iba a salir, le pregunté a dónde y estalló diciéndome «que por favor dejara de controlarlo tanto». Solo le hice una pregunta, pero él estaba guardando muchas cosas en su corazón por mucho tiempo. Esa noche dormimos en habitaciones separadas, él ya no quiere que lo toque, ni lo bese, está muy molesto, y me dijo que ya no quería que yo lo interrogara o que lo controle tanto, que él no me daba motivos para que desconfiara de él.

Mi esposo tiene razón, pero yo soy muy desconfiada y dejo que los celos me controlen. Sé que eso no deja más que problemas y hace que nos distanciemos, pero me cuesta mucho, reconozco que soy muy insistente y eso puede llegar a cansarlo. Sé que a los hombres no les gusta que uno les esté controlando, pero no sé cómo evitarlo; es algo que me domina.

Ya hemos tenido varios problemas por lo mismo, pero esta vez lo veo muy enojado, y me dijo que así no iba a continuar conmigo, por lo que me preocupa y me da miedo que nuestro matrimonio fracase por estas tonterías que no valen la pena.

Mi familia vale mucho, mis hijos son mi tesoro y no quisiera que sufran. Sé que muchos matrimonios se divorcian por esto, y no quiero que esto nos suceda. Me siento muy mal, porque veo que esta vez mi esposo está decidido a no continuar más. Creo que está buscando un apartamento y eso me asusta.

Estoy muy desesperada, me dan muchas ganas de abrazarlo y demostrarle mi cariño. Le he pedido disculpas, pero no quiere acceder. Noto a mi esposo pensando solo en él, y no está pensando como papá o como esposo; su orgullo lo está dominando. Él no quiere acceder ni un poco para superar esta crisis. Trato de darle cariño, pero lo que consigo es distanciarlo, lo veo frío, con un corazón como de piedra. Por otro lado, lo noto contento en pensar que se va a marchar de la casa, está como ilusionado por vivir solo y eso me asusta y me preocupa. Parece como un pajarito que le han abierto la jaula, esto me desespera y me da mucho miedo, porque podría sentirse tan libre que no quiera regresar a la casa y no sienta la necesidad de nosotros como familia.

Pido a Dios que despierte a mi esposo y que me cambie a mí. Lo que más deseo es que mi esposo desee quedarse en la casa. Nosotros lo necesitamos a nuestro lado. Él es un buen esposo y un gran padre".

Las relaciones crecen a partir de la confianza, la amistad y la intimidad. Esto es lo que permite que un matrimonio mantenga una grata comunicación y una relación que sea agradable. Esta dama, y los que tienen celos incontrolables o bien injustificados, deben examinar el origen de estos.

Muchas personas han sido lastimadas y otras han experimentado abandono. Esto ocasiona que la inseguridad se traduzca en celos que lastiman la relación. Es necesario sanar los recuerdos que nos producen inseguridad, desconfianza y dolor.

Los celos nos llevan a intentar controlar a la otra persona, supervisar todo lo que hace y tratarle como si fuera un niño que hay que cuidar de cerca. Esto nos lleva a perder la perspectiva donde vemos al matrimonio como una relación de personas adultas. El amor crece a partir de la confianza, la libertad y el deseo sincero de querer estar con la otra persona. El amor no se puede imponer, suplicar o manipular; el amor se inspira cuando tenemos un corazón sano y permitimos que la otra persona decida libremente permanecer a nuestro lado.

Las personas que deciden estar juntas, amarse, ser fiel el uno al otro y disculparse cuando han lastimado, lo hacen en un ambiente de libertad y confianza. El amor no se impone, se inspira.

Nuestras inseguridades, los temores, las heridas del pasado y una baja autoestima despiertan los celos que lastiman cualquier relación.

Al amor lo matamos cuando violamos las normas básicas de la sana convivencia.

EL AMOR NO SE IMPONE, SE INSPIRA.

Podría ser que la desconfianza que siento nada tenga que ver con la otra persona, sino más bien con mis expectativas sobre la relación. Por ejemplo: "Imaginé que sería de una forma, y lo que vivimos es diferente a lo que había pensado". Esto producirá incertidumbre, duda y desconfianza. Por eso es importante dialogar como matrimonio sobre las expectativas que ambos tenemos.

La desconfianza podría surgir por temores internos, producto de relaciones anteriores, o bien por el dolor provocado ante el divorcio de los padres. Una experiencia tan fuerte como el divorcio podría producir miedo al abandono, una sensación de rechazo, o nos podría conducir a una dependencia emocional que me lleva a controlar a la otra persona para que no me abandone.

Sin importar el origen de la desconfianza, nadie debe vivir con esta emoción herida llamada celos.

¿QUÉ DAÑA LA CONFIANZA?

La confianza puede transformarse en desconfianza muy rápidamente, esto ocurre cuando violamos los principios fundamentales de la sana convivencia y tenemos explosiones emocionales que atemorizan a nuestro cónyuge o somos infieles.

Entre los elementos que dañan la confianza están:

+ La ira

+ La burla

+ Los gritos

+ La mentira

+ La infidelidad

+ El menosprecio

+ La comparación

+ La falta de perdón

+ La descalificación

+ La crítica constante

+ La irresponsabilidad

+ Los celos enfermizos

+ No cumplir lo que prometemos

+ Ocultar información relevante para ambos

+ Corregir al cónyuge constantemente

+ El irrespeto a los sentimientos y opiniones del cónyuge

Nada justifica una agresión ni la infidelidad. Si no corregimos a tiempo lo que nos está distanciando, las consecuencias podrían ser dolorosas porque impactan generaciones completas.

LUCHE POR RECOBRAR LA CONFIANZA, EL AMOR Y LA SEGURIDAD QUE OTORGA UN HOGAR SALUDABLE.

Todo aquello que produce duda, miedo, ansiedad, tristeza y culpa, nos va a robar la capacidad de confianza en la persona amada.

Le comparto una historia que nos ilustra lo que ocurre cuando no atendemos a tiempo la agresión, los celos y las inseguridades alimentadas por las experiencias del pasado.

Cuando no dejamos que Dios sea el centro de nuestra relación y la desconfianza nos guía, nos herimos a tal punto que se abren puertas peligrosas. Por eso, si se identifica con esta historia, busque ayuda inmediatamente y luche por recobrar la confianza, el amor y la seguridad que otorga un hogar saludable.

"Mi matrimonio está a punto de desintegrarse; se puede decir que está en la etapa final. Desde que me casé con mi esposa decidí vivir para ella y mis hijos. Desafortunadamente ella, siendo mal aconsejada por su mamá, empezó a tener desconfianza en mí. Le decía que yo andaba con otras mujeres y sembró en ella la semilla de los celos, provocando que a partir de allí la relación familiar tuviera muchas dificultades. Su mamá se había divorciado por la infidelidad del papá y esto provocó en ella una profunda desconfianza en los hombres.

Nunca tratamos esos episodios de celos enfermizos, lo dejamos pasar y, a pesar de todo, yo amaba a mi esposa.

Tuvimos muchas dificultades para casarnos y eso hacía que yo apreciara más el valor de lo que era mi familia. Por lo que decidí vivir para ellos y proveer todo lo necesario.

Tuvimos que trasladarnos a vivir a otro país y nuevamente vivimos pruebas muy difíciles, ya que al no ser residentes legales tuvimos que separarnos por un tiempo. Esto fue muy difícil. Me dolió mucho en mi corazón estar tan cerca y a la vez tan lejos de quien yo había decidido amar para toda la vida. Busqué mucho la fortaleza que Dios da, y El Señor hizo lo que solo Él hace... nos unió de nuevo. Pero los problemas nunca se acabaron, ella sabía que mi familia era el "motor" que me hacía salir adelante. Pero en su corazón nunca se borró la desconfianza, y los celos enfermizos la dominaban con arranques de ira.

Nos volvimos violentos entre nosotros; nos gritábamos y nos agredíamos. Las discusiones eran interminables. Desde ese momento las cosas nunca mejoraron. Al contrario, las peleas se hicieron aún más intensas y cada vez más frecuentes.

Nuestra vida cotidiana era siempre discutir; al principio solo entre nosotros, y después frente a nuestros hijos. Hasta que llegó el punto en que ellos nos dijeron que si no podíamos estar juntos mejor nos separáramos.

Ella se cansó de las peleas constantes y de los celos que no le permitían vivir en paz.

En su trabajo le dieron una posición con más responsabilidad, lo cual también la llevó a estar con amigas que *la invitaban a salir, y poco a poco el licor y las fiestas terminaron de separarnos.*

Hace poco me pidió el divorcio, porque al parecer hay alguien más en su vida. Esto me ha lastimado mucho.

Nos casamos en una Iglesia cristiana, pero nunca permitimos que Jesús gobernara nuestras vidas, ni obedecimos los principios que Dios nos manda. Por ejemplo, aquel que dice que el hombre debe amar a su esposa como a sí mismo, y tratarla como a vaso delicado. Ni ella me respetó.

Hay un dicho que dice: «Nadie sabe lo que tiene, sino hasta que lo pierde». Ahora ella me dice que ya no siente nada por mí y espera el divorcio para casarse con otra persona. El dolor que siento es devastador, porque estoy a punto de perder a mi esposa y a mis hijos".

Ante una situación así, lo único que nos queda es refugiarnos en Dios, examinar nuestra vida para mejorar lo que debemos cambiar y procurar restituir el daño que hemos ocasionado a nuestro cónyuge y a nuestros hijos. No podemos vivir con una culpa que nos llene de dolor, porque no podemos devolver el tiempo. Pero sí podemos aprender de lo que hemos experimentado para mejorar.

Para no llegar a un final tan doloroso, debemos buscar ayuda a tiempo, el consejo sabio que nos permita recobrar la confianza, sanar los celos enfermizos y cerrar todas las puertas que nos puedan estar separando. Nadie se divorcia de la noche a la mañana; los matrimonios dejan que la desilusión, el disgusto, la agresión y las peleas interminables les distancien poco a poco.

Debemos aprender a detenernos cuando comenzamos a levantar la voz, para no caer en la agresión. Nada justifica la violencia en el hogar. No nos permitamos herir a quien decimos amar. No instale una cultura de agresión en su familia.

Busque ayuda lo más pronto posible y, para lograrlo, debe armarse de una alta dosis de humildad.

NO NOS PERMITAMOS HERIR
A QUIEN DECIMOS AMAR.

DONDE NO HAY CONFIANZA...

+ Hay temor.

+ Se oculta información.

+ No hay ayuda mutua, ni colaboración.

+ Se ocultan los errores, las debilidades, los temores, el enojo, los dolores y las frustraciones.

- Se teme a la reacción del cónyuge.

- No se reconocen las virtudes del otro cónyuge, ya que solo ve sus defectos, entonces se critican mutuamente y con frecuencia.

- Acumulan resentimiento el uno con el otro.

- Intentan controlar la conducta de su cónyuge.

- No tienen la libertad de expresar su opinión, ni de pedir ayuda al cónyuge.

- Se buscan razones para evitar pasar tiempo con la otra persona.

- Llegan a conclusiones equivocadas sobre las intenciones del otro sin tratar de aclararlo.

Debemos recuperar la confianza entre nosotros como matrimonio si nos sentimos distantes, si nos hemos herido en el pasado y no hemos pedido perdón.

Si hemos aceptado como válida una conducta que lastima y sabemos que esto produce temor, distancia o desconfianza, debemos eliminarla.

Tenga la confianza de dialogar con su cónyuge si hay algo que le lastima y les distancia. No podemos permitir que los errores del pasado gobiernen el presente y nos roben la posibilidad de acercarnos confiadamente. Si les cuesta acercarse de nuevo, busquen ayuda.

La Palabra dice en Romanos 12:10, *Ámense los unos a los otros con amor fraternal, respetándose y honrándose mutuamente.* Para lograr amarnos, respetarnos y honrarnos, debemos trabajar las inseguridades que nos conducen a los celos enfermizos, la agresión y la desconfianza.

DONDE HAY CONFIANZA...

- Hay armonía, paz y cordialidad.
- Ambos ríen juntos.
- Hay sinceridad.
- Se admiten los errores y las debilidades sin temor al rechazo.
- La comunicación es fluida y se sienten en la libertad de opinar sobre cualquier tema.
- Se respetan mutuamente.
- Se dedican tiempo el uno al otro.
- Disfrutan la compañía de su cónyuge.
- Pueden trabajar juntos y lo disfrutan.
- Están ahí para cuando se necesitan.
- Se aprecian las capacidades del cónyuge.
- Hay comprensión, identificación y bondad.

+ Se aceptan las recomendaciones del cónyuge, piden consejo el uno al otro y se ayudan mutuamente.

+ Se disculpan con facilidad y no acumulan resentimiento.

+ Antes de juzgar las intenciones del cónyuge prefieren aclararlas haciendo preguntas, porque no pueden concebir que su cónyuge desee hacerles daño.

+ Se perdonan mutuamente con prontitud.

Revisemos nuevamente el versículo de 1 Corintios 13:4-7:

> *El amor es paciente, es bondadoso. El amor no es envidioso ni jactancioso ni orgulloso. No se comporta con rudeza, no es egoísta, no se enoja fácilmente, no guarda rencor. El amor no se deleita en la maldad, sino que se regocija con la verdad. Todo lo disculpa, todo lo cree, todo lo espera, todo lo soporta.* (1 Corintios 13:4-7)

Solo un corazón que ha experimentado la sanidad de sus emociones heridas podrá amar de esta forma.

La Biblia nos dice que la única forma de vivir en un ambiente de armonía, cordialidad y respeto es permitiendo que el amor de Dios nos guíe, porque nos permite crear un ambiente de confianza. *Por encima de todo, vístanse de amor, que es el vínculo perfecto.* (Colosenses 3:14)

¿QUÉ HACER?

1. SEA CONSCIENTE DE LO QUE DEBE SANAR PERSONALMENTE

No importa el origen de la desconfianza que sentimos, debemos superar este estado emocional que nos lastima y nos distancia. Es nuestra responsabilidad, como adultos, examinar si estamos heridos, si no hemos sanado, o si necesitamos reflexionar y resolver algo para nuestro bien y el de las personas que nos rodean.

Cuando vivimos momentos de incertidumbre, duda o inseguridad, es importante que se concentre en examinar por qué se está sintiendo de esta manera. Dios no nos ha dado un espíritu de cobardía, no nos ha llamado a vivir en un quebranto emocional permanente. *Dios no nos ha dado un espíritu de timidez, sino de poder, de amor y de dominio propio* (2 Timoteo 1:7). Todo esto con la meta de que usted vuelva a brillar como persona, y se sienta plena y feliz. Es lo que nos permite expresar paz, alegría, ilusión y esperanza. Esto es más atrayente que suplicar, regañar o celar a la otra persona. El sufrimiento, la manipulación y la desesperación no tienden los puentes necesarios para volvernos a encontrar. No es fácil lograrlo, pero si se refugia en Dios para recuperar la seguridad perdida, volverá a brillar como persona y su atractivo crecerá.

Busque ayuda, porque es la mejor forma de recuperar su brillo, y esta será su principal arma para volver a conquistar su matrimonio.

SI SE REFUGIA EN DIOS PARA RECUPERAR LA SEGURIDAD PERDIDA, VOLVERÁ A BRILLAR COMO PERSONA

---

2. REAFIRME EL VALOR DE SU MATRIMONIO Y LUCHE POR SU RELACIÓN

El matrimonio inicia con una gran ilusión, y ambos se saben enamorados. Pero viene el momento en el que la rutina y la costumbre nos llevan a desvalorizarnos y aun a menospreciarnos. Todos debemos superar estos momentos de crisis valorando el camino recorrido, manteniendo vivos los sueños que nos faltan por conquistar y reafirmando el amor que nos une. Recuerde: *Uno solo puede ser vencido, pero dos pueden resistir. ¡La cuerda de tres hilos no se rompe fácilmente!*. (Eclesiastés 4:12) Es más ventajoso estar juntos que separados.

Un problema en el matrimonio es pensar que el amor se siente y siempre se va a sentir. En el matrimonio, el amor se decide y entonces se siente. La persona debe decidir amar, poner su corazón ahí, y es entonces cuando se valora a la otra persona y surge un sentimiento tan intenso como el que se sentía cuando nos conocimos.

3. GENERE EL ESPACIO PARA EL DIÁLOGO Y DÉ TIEMPO PARA SANAR

Cuando la relación se ha lastimado y nos provoca celos enfermizos, lo ideal es procurar el espacio para que podamos expresar lo que estamos sintiendo, y cada uno pueda buscar la ayuda necesaria para superar la crisis existencial que está experimentando.

El secreto en el amor consiste en no presionar, no imponer, no manipular, ni suplicar. Porque el amor crece por voluntad propia y se decide libremente.

El amor tiene características que deben respetarse; no se impone y no se suplica, el amor se inspira y tiene atractivo cuando la persona se sabe plena por lo que es. Esto es lo que hace que el amor sea atrayente y conquiste.

Debe ser agradable para los demás vivir con nosotros, porque generamos un ambiente de confianza, seguridad, alegría y felicidad. Es lo que nos conduce a la armonía, la amistad y la intimidad. La pregunta que surge es: ¿Es agradable vivir con usted en la casa?

4. TRABAJE LA INSEGURIDAD Y LA DESCONFIANZA CON UN PROFESIONAL

Debo distinguir si la desconfianza que siento es producto de un comportamiento de la otra persona, o bien por mis propias experiencias del pasado o expectativas no cumplidas.

Todos experimentaremos momentos de dudas, decepción y frustración, pero eso no significa que debemos dejar de confiar en la otra persona. Lo que no debemos permitir es que la duda se prolongue en el tiempo, porque eso genera angustia, incertidumbre y podría hacer crecer la desconfianza. Lo más peligroso de esto es que la desconfianza se instale, porque producirá roces constantes, tenderemos a controlar y a supervisar a la otra persona, y le vamos a reclamar hasta las cosas más insignificantes. No permita que la duda y la desconfianza se instalen en su relación. Conversen lo más pronto posible sobre sus inquietudes y, si es necesario, busquen ayuda profesional.

Si sentimos que la desconfianza se ha convertido en parte de nuestro estilo de vida, debemos hacer un alto para descubrir el origen, y recuperar la seguridad que otorga la confianza en la relación.

No permita que la desconfianza sea parte de su esquema de pensamiento, le robará la paz, la libertad y la alegría de vivir. Debo descubrir la razón por la que desconfío, para impedir que se instale en nuestra dinámica familiar.

No alimente la desconfianza con pensamientos dañinos que le roban la paz. Confiar en la otra persona es una decisión personal, y una conquista interna que nadie más puede vivir por nosotros.

La desconfianza puede conducir a un deterioro de la relación, por eso, debemos revertir lo que estamos sintiendo antes de que se instale y lastime el amor que nos une. Hay matrimonios que han llegado al divorcio porque no trabajaron las causas de la desconfianza. Ya sean causas reales, o experiencias del pasado, todos debemos tener la capacidad de confiar en los demás, porque es lo que potencia una relación saludable, estable y una convivencia agradable.

5. RECONSTRUYA LA CONFIANZA

La confianza crece cuando perdonamos rápidamente los errores cometidos. Reafirmamos el amor que nos une cuando nos sentimos seguros. Para lograrlo, se requiere compartir tiempo, expresar afecto, identificarnos con nuestro cónyuge y evitar la crítica y el menosprecio. Es lo que nos permite construir una historia extendida en el tiempo.

La confianza facilita que se construya una convivencia agradable, porque produce seguridad, y nos acerca. Cuando hay confianza, eliminamos los celos enfermizos, no competimos entre nosotros, nos respetamos y nos ayudamos mutuamente. La Biblia nos dice: *...la sabiduría que desciende del cielo es ante todo pura, y además pacífica, bondadosa, dócil, llena de compasión y de buenos frutos, imparcial y sincera. En fin, el fruto de la justicia se siembra en paz para los que hacen la paz* (Santiago 3:17-18).

LA CONFIANZA CRECE CUANDO PERDONAMOS RÁPIDAMENTE LOS ERRORES COMETIDOS.

La confianza da seguridad a la relación, y nos permite reconocer que las intenciones del cónyuge son buenas. Por esta razón no tenemos malentendidos, sino que, cuando no comprendemos algo, lo aclaramos con libertad y naturalidad, porque tenemos la seguridad de mostrarnos vulnerables y expresar con respeto lo que sentimos y pensamos.

Nos acercamos cuando valoramos los atributos y virtudes que cada uno tiene, no acumulamos resentimiento y perdonamos rápidamente los errores cometidos. *El amor jamás se extingue....* (1 Corintios 13:8)

Pida sabiduría a Dios, y recuerde que: *Con sabiduría se construye la casa; con inteligencia se echan los cimientos. Con buen juicio se llenan sus cuartos de bellos y extraordinarios tesoros.* (Proverbios 24:3-4)

Si hay algo que le inquieta expréselo, pero, por otro lado, llene su relación de detalles, inspire confianza y atienda a quien ama. Permita que la otra persona asuma como un adulto su propia conducta. Esto no significa que tengamos complejo de alfombra o que permitamos que nos pisoteen. Es más bien la dignidad que Dios nos ha dado lo que nos permite levantarnos con firmeza para expresar lo que sentimos con respeto, y generar así el espacio para que la otra persona reaccione y decida correctamente.

Insista en amar, y esto implica inspirar respeto, confianza y afirmación.

El amor es libre, voluntario, y crece cuando nos comprometemos en permanecer juntos hasta el final. Yo no debo ni puedo controlar lo que hace mi cónyuge, pero sí puedo inspirarle, o bien indicarle que me duele lo que hace, que me lastima cuando mira con deseo a otras personas. Exprese con naturalidad cómo se siente, y ponga la responsabilidad sobre su cónyuge, es él o ella quien debe decidir el mejor camino. Pero no haga que viva en función suya, sino en función de lo que cree, valora y ama.

LAS PREGUNTAS QUE DEBEMOS HACERNOS SON:

+ ¿Debo pedir disculpas por algo que no hemos sanado?

- ¿Cómo podemos hacer crecer la confianza en nuestro matrimonio?

- ¿Qué cosas debo mejorar para aumentar la confianza en mi cónyuge?

- ¿Debo perdonar algo que ocurrió hace mucho y que aún recuerdo con dolor?

Si nos proponemos aumentar la confianza en nuestro matrimonio, la armonía crecerá, el ambiente será más agradable y ponemos un fundamento sólido en nuestra relación.

5

¿CÓMO HACER CRECER LA ARMONÍA EN EL MATRIMONIO?

*En fin, **vivan en armonía** los unos con los otros:*
compartan penas y alegrías, practiquen el amor
fraternal, sean compasivos y humildes.
No devuelvan mal por mal ni insulto por insulto;
más bien, bendigan, porque para esto fueron llamados,
para heredar una bendición.
—1 Pedro 3:8-9

No existe el matrimonio ni la persona perfecta, todos cometemos errores. Nos vamos a decepcionar del otro y muchas veces vamos a actuar emocionalmente. Por lo tanto, tenemos que aprender a manejar nuestras propias emociones, definir límites sobre lo que es permitido en una discusión y recorrer constantemente el camino de la reconciliación para que la armonía no se pierda.

+ La armonía se define como el equilibrio y el complemento adecuado entre las diferentes partes de un conjunto.

+ Hay armonía cuando hay reconocimiento mutuo y cada uno se siente en la libertad de aplicar su mejor esfuerzo en procura del bien común.

+ La armonía es el resultado del acuerdo, la concordancia y la conexión entre las partes.

La armonía conforma un todo que mantiene cierta autonomía respecto a cada una de las partes. Es decir, cada componente mantiene su identidad, tiene un sonido único y al sumarse al de los demás, crea música y poesía; tiene ritmo, crecimiento y emoción.

Cuando hay armonía, uno no se impone sobre el otro, decidimos juntos y, sobre todo, nos conectamos el uno con el otro hasta convertirnos en los mejores amigos.

+ Vivir en armonía produce paz, entendimiento, libertad, comprensión y un ambiente seguro para todos.

- La armonía acrecienta la confianza y permite que juntos seamos más productivos.

- Cuando vivimos en armonía y llegan los desafíos y retos, terminamos más unidos.

- Cuando hay armonía y se presentan las diferencias, hay acuerdo y nada nos divide.

- Cuando hay armonía, no nos idealizamos, porque nos ajustamos a la realidad.

- Cuando hay armonía, la belleza aflora, surge la alegría, el ambiente es agradable y se respira tranquilidad. Vivimos en paz y la convivencia se torna agradable.

CUANDO HAY ARMONÍA Y SE
PRESENTAN LAS DIFERENCIAS,
HAY ACUERDO Y NADA NOS DIVIDE.

¿CÓMO LOGRAMOS VIVIR EN ARMONÍA?

- Compartan penas y alegrías.

- Practiquen el amor fraternal.

- Sean compasivos y humildes.

+ No devuelvan mal por mal ni insulto por insulto, más bien bendigan y deseen el bien a los demás.

+ Honre a su cónyuge en público y en privado.

+ Discutan los temas difíciles sin imponer su criterio y con una alta dosis de tolerancia.

+ Permita que su cónyuge tenga acceso a todo en su vida.

+ Acepte que se casó con una persona imperfecta y, por lo tanto, se debe concentrar en admirar sus virtudes y en disimular sus defectos.

+ Siempre hable bien de su cónyuge.

Dios define el camino para que logremos vivir en armonía, por eso nos dice: *De igual manera, ustedes esposos, **sean comprensivos** en su vida conyugal, **tratando cada uno a su esposa con respeto** ya que como mujer es más delicada, y ambos son herederos del grato don de la vida. Así nada estorbará las oraciones de ustedes.* (1 Pedro 3:7)

> *Por eso el hombre deja a su padre y a su madre, y se une a su mujer, y los dos se funden en un solo ser.*
>
> (Génesis 2:24)

Logramos vivir en armonía cuando hay respeto entre nosotros, oramos el uno por el otro, somos comprensivos y nunca nos imponemos. Al vivir en armonía podemos complementarnos, ayudarnos mutuamente y construir un hogar donde las decisiones las tomamos por consenso.

Dios nos hizo diferentes para complementarnos, acompañarnos, resistir juntos los desafíos y enriquecernos mutuamente; y es precisamente esta característica la que se convierte en un problema cuando el amor no ha madurado, porque exigimos, demandamos y reaccionamos.

¿CÓMO AMARNOS?

Amamos como hemos aprendido, como resultado de nuestra propia historia e interpretación de la vida.

El amor es un proceso en el cual nos vamos conociendo, adaptando, aceptando y ajustando. Por eso no juzgue, no condene y no menosprecie a su cónyuge por lo que dice o hace.

Conozca sus orígenes, costumbres, valores, proyecto de vida, metas, y a su familia; entonces, le será más fácil comprender por qué su cónyuge reacciona como lo hace.

Es un proceso donde también nos conocemos a nosotros mismos, nos aceptamos, nos valoramos y nos apreciamos por ser la persona que somos.

Si el amor es inmaduro las inseguridades van a aflorar constantemente, vamos a exigir que el otro llene nuestros vacíos emocionales, viviremos demandando y creyendo que nuestro cónyuge es el responsable de nuestra tristeza.

Como adultos somos responsables de nuestra propia felicidad; por lo tanto, no podemos responsabilizar a otra persona por lo que nos corresponde conquistar a nosotros mismos.

Para tener un matrimonio fuerte y saludable, cada uno debe crecer como persona, aprender a procesar sus emociones, tener su propio proyecto de vida, conocerse, aceptarse y crecer en su desarrollo personal.

No podemos vivir nuestro presente en función de nuestras carencias de la infancia, con una baja autoestima y buscando siempre ser validados por nuestro cónyuge.

Entre más sólida y mejor fundamentada esté la relación, seremos capaces de resistir los retos y desafíos de la vida.

¿POR QUÉ NOS CASAMOS?

Hay quienes se casan porque están enamorados. Otros para llenar sus necesidades afectivas. Hay quienes se casan para no sentirse solos o para salir de su núcleo familiar.

Nos casamos porque nos complementamos y porque estamos listos para asumir el desafío de edificar una familia y construir un futuro juntos.

Si nos casamos con falsas expectativas y por las razones incorrectas, cada uno enfatizará las imperfecciones del otro y tratará de cambiarle su forma de pensar. Responsabilizaremos al otro porque no somos felices, por los problemas, las carencias, y viviremos en un círculo vicioso de reclamos y exigencias.

ÉXITO EN EL MATRIMONIO

Para tener éxito en el matrimonio se requiere haber alcanzado la madurez emocional, espiritual, social y económica, lo que nos permite compartir nuestro proyecto de vida con la persona que amamos.

En una relación donde nos complementamos positivamente cada miembro es capaz de encontrar en el otro los aspectos que él o ella no ha desarrollado. No se siente mal de saberse complementado; aprende de la otra persona y, con el tiempo, hasta llega a parecerse a ella. No se exigen ni se imponen, se complementan y crecen juntos.

La persona que se encuentra plena se siente satisfecha consigo misma y con su entorno, siente la necesidad de compartir, de dar y se siente en la libertad de recibir.

Para la persona que es plena, el hecho de dar se vuelve algo gratificante, y tiene la capacidad de influir en su cónyuge para que también sea alguien que dé; así ambos pueden gozar de una experiencia en común y enriquecedora.

Amar es aceptar y apreciar al otro con sus virtudes y defectos. Aceptar lo que me parece bueno y lo que no me parece "tan bueno".

En el matrimonio nos mostramos a nosotros mismos tal cual somos, sin imponernos, ni manipularnos; y si lo canalizamos bien, podemos conducirnos a una armonía capaz de producir los mejores resultados. Es este conocimiento mutuo lo que nos puede llevar a una profunda intimidad.

AMAR ES ACEPTAR Y APRECIAR
AL OTRO CON
SUS VIRTUDES Y DEFECTOS.

En la carta a los Filipenses, el apóstol Pablo nos da un buen ejemplo sobre cómo se ama. Él les expresa cuánto los ama, cómo les extraña y los anima a seguir viviendo la vida cristiana de la mejor forma posible. Le doy algunos textos bíblicos que nos ayudan a comprender cómo hacer crecer la armonía en el matrimonio.

• ***No hagan nada por egoísmo o vanidad; más bien, con humildad consideren a los demás como superiores a ustedes mismos. Cada uno debe velar no solo por sus propios intereses, sino también por los intereses de los demás*** (Filipenses 2:3-4). El egoísmo nos divide, nos separa y hace que la relación sea tensa, porque el egoísmo no considera importante las necesidades de los demás, solo busca la satisfacción de nuestros propios deseos. Por eso me gusta cómo nos inspira Pablo: ***Cada uno debe velar no solo por sus propios intereses, sino también por los intereses de los demás*** (Filipenses. 2:4). Al tomar esta actitud, nos identificamos con nuestro cónyuge, la relación se fortalece y nos sentimos más cerca el uno con el otro.

• ***Háganlo todo sin quejas ni contiendas*** (Filipenses 2:14). La armonía crece cuando eliminamos la crítica constante. Eso que nos hace sentir rechazados, menospreciados y produce tensión entre nosotros. La armonía crece cuando dejamos de ver lo malo que el otro hace, para apreciar su nobleza, su fidelidad y entrega a la familia. Si solo vemos lo malo que el otro hace, generamos pleitos innecesarios, reclamos constantes y esto nos hace entrar en contienda. No es agradable llegar a una casa donde todo es un drama, donde prevalecen los gritos, el maltrato y la queja. Es diferente llegar a un hogar donde hay reconocimiento, gratitud, aprecio, simpatía, valoración y afecto. Esto produce paz, libertad y armonía.

* *Alégrense siempre en el Señor. Insisto: ¡Alégrense! Que su amabilidad sea evidente a todos* (Filipenses 4:4-5). Cuando somos amables y serviciales los unos con los otros, hay alegría. Cuando reconocemos el esfuerzo de los demás y, sobre todo, cuando tenemos un corazón sano, hay alegría, gratitud, aprecio y reconocimiento. Es aquí donde el ambiente se llena de esa plenitud que proviene del cielo, de ese fruto del Espíritu que hace agradable el ambiente y nos invita a estar juntos. Por eso Pablo desde la cárcel reconoce el amor que tiene por los hermanos y aprecia el amor que le han brindado a él: *Por lo tanto, queridos hermanos míos, a quienes amo y extraño mucho, ustedes que son mi alegría y mi corona, manténganse así firmes en el Señor* (Filipenses 4:1). Cuando hay armonía nos extrañamos, anhelamos estar cerca y nos reconocemos mutuamente. ¡Estemos donde estemos, debemos

añadir alegría en el ambiente! *Me alegro muchísimo en el Señor de que al fin hayan vuelto a interesarse en mí* (Filipenses 4:10).

Deténgase a reconocer cada gesto de aprecio y el cuidado que su cónyuge ha tenido con usted. Cuando me enfermé de COVID, Helen me cuidó con mil detalles y un aprecio impresionante. Sus oraciones y amor hicieron agradable la recuperación. ¿Cómo no apreciar estos gestos de amor? ¿Cómo no reconocer los sacrificios que en silencio se hacen por amor? ¿Cómo no aplaudir y agradecer cuando nuestro cónyuge añade alegría a nuestra vida?

+ *Consideren bien todo lo verdadero, todo lo respetable, todo lo justo, todo lo puro, todo lo amable, todo lo digno de admiración, en fin, todo lo que sea excelente o merezca elogio* (Filipenses 4:8). Pablo nos invita a reconocer lo bueno, lo respetable, lo que es digno de admiración y excelencia en los demás. Si nos concentramos en pensar de esta forma, fortalecemos nuestra relación y hacemos prevalecer la armonía en el hogar.

EL AMOR TIENE CARACTERÍSTICAS INCONFUNDIBLES

El amor no permite el abuso ni soporta las agresiones, los maltratos y las humillaciones.

Cuando el maltrato, el abandono y el adulterio suplantan el amor, el compromiso y el respeto, es el momento de buscar una salida que les permita valorarse nuevamente y poner un nuevo fundamento en la relación.

Cuando el amor ha madurado, las dos personas son autónomas, diferentes y completas; se aman, se aprecian, se valoran y comparten un proyecto de vida en común. El matrimonio es un proyecto que les permite ser individuos (él o ella) y, a la vez, un "nosotros".

EL AMOR NO TIENE TEMOR
A COMPROMETERSE, POR ESO,
DECIDA CASARSE SI NO LO HA HECHO.

El amor crece cuando las personas no dependen entre ellas, sino que se complementan, caminan juntos en una misma dirección, son fieles a los valores que profesan y luchan hasta el final por mantener una creciente armonía. Viven satisfechos con la vida y, mientras crecen como personas individuales, serán cada vez más capaces de amar y de dejarse amar por su cónyuge.

Cuando el amor ha madurado, ambos se apoyan, se estimulan, se aceptan y el contacto físico es afectivo, cálido y cercano.

6

¿CÓMO TENER EL MATRIMONIO QUE SIEMPRE HE DESEADO TENER?

De igual manera, ustedes esposos, sean comprensivos en su vida conyugal, tratando cada uno a su esposa con respeto, ya que como mujer es más delicada, y ambos son herederos del grato don de la vida. Así nada estorbará las oraciones de ustedes.
—1 Pedro 3:7

Para ser exitoso en el matrimonio, necesitamos tener un espíritu educable, un corazón noble y la humildad suficiente para pedir consejo. Solo cuando asumimos la responsabilidad de comprometernos con lo que apreciamos, crecemos y hacemos agradable la convivencia.

Le hago una pregunta existencial: si volviera a iniciar el matrimonio ¿qué haría diferente? En mi caso, tomaría más consejería prematrimonial, leería más libros que me expliquen cómo crece el amor y cuáles son las reglas para tener una sana convivencia. También escucharía a personas que han recorrido el camino del matrimonio para que me cuenten su experiencia. Porque después de muchos años de estar casado, me doy cuenta de que el matrimonio es un proceso en el cual nunca dejamos de aprender.

Personas que han estado casadas por largo tiempo me han compartido lo que a ellas les ha dado resultado para tener un buen matrimonio. También he escuchado a personas que por diferentes razones se han divorciado y han llegado a las mismas conclusiones cuando hablan sobre qué hubieran hecho diferente. Por eso, comparto con usted los mejores consejos que he recibido de ellos para tener el matrimonio que siempre han deseado. Esto nos ayudará a saber lo que debemos reforzar, o qué debemos hacer diferente para edificar una relación agradable y extendida en el tiempo.

1. **Nunca dejen de ser novios.** Si insistimos en conquistar, el amor crece y los detalles se mantienen. Corteje a su cónyuge y exprésele cuánto le ama.

Salgan juntos, sigan eligiéndose el uno al otro todos los días y convierta a su cónyuge en la persona que desea consentir. Nunca deje de cortejar a quien ama; por eso, salgan, tengan detalles, sean gentiles y, sobre todo, sean amables. Es lo que nos permite hacer agradable la convivencia.

No piense que porque se casaron el amor crecerá en automático, requiere detalles, complicidad y la alegría que otorga conquistarnos mutuamente.

DÉJESE CONQUISTAR Y CONQUISTE,
TENGA DETALLES.

Nos elegimos el uno al otro porque nos agradaba la aventura de conquistarnos, por eso, debemos luchar por mantener vivos los detalles, la gentileza y el buen trato.

Amada mía, me has robado el corazón; me lo has robado con una sola de tus miradas (Cantares 4:9 PDT). Tal y como lo describe El Cantar de los Cantares, déjese conquistar y conquiste, tenga detalles, mire de forma especial a su cónyuge y no se canse de entregar lo mejor que tiene a la persona que ama.

2. **Proteja su corazón y ámese a usted mismo.** Cuando nos amamos a nosotros mismos, tenemos una mejor disposición para amar a nuestro cónyuge, porque nuestro corazón ya ha trabajado con los miedos y complejos que a todos nos atacan. Es así como aprendemos a no dejar que los celos, la amargura y el resentimiento dañen nuestra relación. Jesús dejó este principio claro cuando nos dijo que amáramos a los demás en la misma dimensión en la que lo hacemos con nosotros mismos.

   Si nos aceptamos y nos apreciamos tal como y somos, aun con nuestras imperfecciones, será más fácil establecer una relación saludable con nuestro cónyuge. Por lo tanto, la meta es convertirnos en la persona que Dios dijo que llegaríamos a ser, aceptarnos tal cual somos y procurar una paz interna tal, que nos permita relacionarnos de forma saludable con la persona que amamos.

   Jesús dijo: *"Cada uno debe amar a su prójimo como se ama a sí mismo"*. (Mateo 22:39 TLA)

3. **No culpe a su cónyuge por su enojo.** Cada uno es responsable de interpretar y de conducir sus

propias emociones. Por eso, cuando estemos enojados o frustrados, busquemos el espacio para interpretarlas, enfriarlas y regresar a la normalidad. Bien nos dice el sabio Salomón: *Los necios dan rienda suelta a su enojo, pero los sabios calladamente lo controlan*. (Proverbios 29:11 NTV)

El matrimonio nos ofrece una oportunidad maravillosa para crecer como persona, porque es en la cercanía de la convivencia que se manifestarán las cosas no resueltas del pasado. Si creemos que nuestro cónyuge tiene la culpa de cómo nos sentimos, perdemos la oportunidad de crecer, pero si comprendemos que somos responsables por la forma en la que conducimos nuestras emociones, nos damos la oportunidad de madurar y de resolver nuestros miedos, complejos y temores internos.

El ambiente familiar, cultural y social en el que crecimos moldeó nuestra forma de ser de forma positiva o negativa; esto suele evidenciarse en la relación matrimonial, dándonos indicios de lo que debemos trabajar con nosotros mismos.

Con el paso de los años, las heridas internas, aunque aparentemente no se ven, terminan manifestándose en actitudes y en sentimientos negativos que se reflejan muchas veces en la relación matrimonial. Sin darnos cuenta, cuando reaccionamos en el matrimonio, no lo hacemos por lo que hizo nuestro cónyuge, sino porque afloran las heridas causadas por diversas experiencias. Por eso, si actuamos con madurez, podremos trabajar lo que sentimos sin culpar a nuestro cónyuge por lo que hizo o dejó de hacer.

4. **Enamórese una y otra vez de su cónyuge.** Todos los días decida amar, cuidar, proteger y mimar a su cónyuge. Concéntrese en reconocer las virtudes de su pareja para asegurar una relación estable, tranquila y placentera.

   Permanecer enamorados cuando estamos casados, es una decisión que debemos tomar cada día, y lo logramos cuando superamos la amargura, el resentimiento y los reclamos interminables.

   Cuando decidimos amar, vemos a la otra persona a partir de sus virtudes y atributos, y nos hacemos expertos en disimular sus defectos. Es entonces cuando podemos decir... *Toda tú eres bella, amada mía; no hay en ti defecto alguno.* (Cantares 4:7)

Logramos desarrollar la capacidad de apreciar la belleza en nuestro cónyuge, cuando nos llenamos de gratitud, reconocimiento y aprecio. Por eso, **enfóquese en lo que ama y admira de su cónyuge.** Es fácil ver lo que nos molesta o incomoda, pero, al contemplar las virtudes de nuestro cónyuge, nos será fácil darnos cuenta de que somos afortunados de tenerle a nuestro lado. Elabore una lista que describa las virtudes de su cónyuge y aliméntela conforme pasan los años.

Pablo nos enseña a pensar correctamente respecto a las personas que amamos, y principalmente de nuestro cónyuge, cuando nos indica que debemos considerar lo bueno, lo noble, lo respetable, lo puro, lo amable y todo lo que es digno de admiración. Si nos enfocamos en admirar, apreciar y distinguir esto en nuestro cónyuge, el amor crecerá. Revisemos nuevamente las palabras de Pablo a los Filipenses:

Por último, hermanos, consideren bien todo lo verdadero, todo lo respetable, todo lo justo, todo lo puro, todo lo amable, todo lo digno de admiración, en fin, todo lo que sea excelente o merezca elogio. (Filipenses 4:8)

5. **No intente cambiar a su cónyuge, ámele tal cual es y permítale ser él o ella misma.** En el matrimonio tenemos la meta de amar, no la de intentar cambiar a la otra persona a nuestra forma de ser. No espere que su cónyuge cambie para que merezca su amor, ¡ámele tal cual es!

Si decidimos aceptar a nuestro cónyuge con sus virtudes y defectos, es decir, si apreciamos su forma de ser y nos concentramos en valorar sus virtudes y en disimular sus defectos, la convivencia se torna agradable.

Permita a su cónyuge ser él mismo. Que no se sienta intimidado cuando están juntos, ni criticado cuando se equivoque. Es importante que no se sienta evaluado o juzgado en todo momento.

Cuando esté triste, escúchele y sea el apoyo que necesita. Así crece la confianza, y cada vez se hará más fácil abrirse el uno con el otro.

NO ESPERE QUE SU CÓNYUGE CAMBIE PARA QUE MEREZCA SU AMOR, ¡ÁMELE TAL CUAL ES!

Los defectos que tenemos son fácilmente detectados por la persona que tenemos a nuestro lado, porque siempre resaltan a los ojos de los demás, de tal forma que opacan nuestras virtudes. Por eso, amar es un ejercicio de la voluntad y una prueba al carácter.

Enfóquese en lo que ama de su cónyuge y no en lo que le molesta, así se dará cuenta de lo afortunado que es por tener a esta persona tan maravillosa a su lado.

Si elegimos amar cada día, nada destruirá el matrimonio que tenemos, y experimentaremos un nivel de felicidad que va a inspirar al resto de la familia.

6. **No espere que su cónyuge le haga feliz, decida serlo.** Todos nos casamos con la ilusión de ser felices en el matrimonio, pero el matrimonio no tiene la capacidad de hacernos felices, porque esta es una conquista personal que debemos alcanzar en cualquier etapa de la vida. Por eso, hágase responsable de sus propias emociones y principalmente de su realización personal. No delegue la responsabilidad de su felicidad en las manos de su cónyuge.

Si trabajamos nuestra propia realización personal y llenamos nuestro corazón de gratitud, tendremos contentamiento, alegría, plenitud y gozo. Si procuramos nuestra propia felicidad y plenitud, nos será más fácil permitirnos complementar por nuestro cónyuge. Al mismo tiempo, inundaremos nuestro hogar de alegría, gratitud, y sonrisas, y los momentos difíciles serán más fáciles de sobrellevar.

Dios es el único que lo llena todo, por eso debemos refugiarnos en Él y no exigir que nuestro cónyuge llene nuestros vacíos emocionales. Bien lo expresa el salmista: *Den gracias al SEÑOR por su misericordia y por sus maravillas para con los hijos de los hombres.* **Porque Él ha saciado al alma sedienta, y ha llenado de bienes al alma hambrienta.** (Salmos 107:9 LBLA)

Es Dios quien nos llena de gozo, alegría, plenitud y contentamiento. Es a Dios a quien debemos buscar en todo momento, y esto nos permite compartir lo mejor de nosotros con nuestro cónyuge, en lugar de exigirle que nos haga felices o que procure resolver nuestros problemas internos.

7. **Ría y haga que su cónyuge ría con usted.** Si aprendemos a reír juntos será más agradable la compañía y placentero el recorrido. Así que busque hacer cosas que traigan diversión, motivación y alegría día a día; haga ejercicio, le ayuda a tener un mejor ánimo. Aliméntese bien, le ayuda a tener energía. Duerma ocho horas diariamente, le renueva las fuerzas. Sea agradecido, eso hace sentir apreciada a la persona amada. Construyan recuerdos agradables. Sea amable con la persona que ama. Vista y arréglese bien, lo hará sentir mejor. Baje el ritmo, contemple más y aprecie los pequeños detalles de la vida.

La felicidad es una elección, un estilo de vida, una decisión personal; es compartir con los demás lo mejor que tenemos.

Tal y como lo manifiesta el sabio Salomón: *El corazón alegre es buena medicina...* (Proverbios 17:22 LBLA). Y no solamente nos ayuda a nosotros, sino que contribuye a la felicidad de la familia y genera un ambiente agradable.

8. **Haga sentir amado a su cónyuge.** Hágale sentir importante y apreciado en todo momento. Conozca sus gustos y deseos, así podrá complacerle

con detalles y halagos. ¿Qué le hace sentir amada o amado? La respuesta que le dé su cónyuge es una guía para hacer que el amor crezca en el tiempo. *Las palabras dulces son un panal de miel: endulzan el ánimo y dan nuevas fuerzas.* (Proverbios 16:24)

9. **Esté presente en la vida de su cónyuge.** Por eso, escúchele, atiéndale, paseen, diviértanse, jueguen, lean, viajen; es decir, invierta tiempo en la persona que ama y préstele atención. Es su mejor compañía y estará con usted el resto de la vida. *Y el Señor Dios dijo: No es bueno que el hombre esté solo; le haré una ayuda idónea* (Génesis 2:18 LBLA). Por eso, esté presente en la vida de su cónyuge.

¿QUÉ LE HACE SENTIR AMADA O AMADO?
LA RESPUESTA QUE LE DÉ SU CÓNYUGE
ES UNA GUÍA PARA HACER QUE EL AMOR
CREZCA EN EL TIEMPO.

---

10. **Sean íntimos.** Comuníquense de tal forma que sea muy personal entre ustedes; confíen el uno en el otro, sean románticos, derrita a su cónyuge con

detalles y halagos. Estimule sexualmente a su cónyuge y sea creativo complaciéndole. Tal y como lo expresa el sabio Salomón: *Bésame, una y otra vez, porque tu amor es más dulce que el vino.* (Cantares 1:2 NTV)

11. **Conviértanse en los mejores amigos.** Para lograrlo debemos confiar el uno en el otro, compartirlo todo y eliminar los secretos; esto aumenta la confianza y nos acerca. Pierda el miedo a expresar cómo se siente y busque la comprensión de su cónyuge. Si logramos llegar a ser los mejores amigos, nadie hará separación entren nosotros dos. A esto nos invita el apóstol Pedro: *En fin, vivan en armonía los unos con los otros; compartan penas y alegrías, practiquen el amor fraternal, sean compasivos y humildes.*" (1 Pedro 3:8)

12. **Definan juntos cómo van a administrar el dinero.** Esta es una de las principales causas de conflicto en el matrimonio. No es "lo tuyo y lo mío", ahora lo que cada uno gana es de los dos y de la familia. No es "tu presupuesto y el mío", es "nuestro presupuesto". Por eso, no adquiera deudas y lo oculte, no salga fiador de un amigo sin conversarlo con su cónyuge, no sorprenda a su cónyuge con compras impulsivas. Definan juntos

el presupuesto y vivan dentro del mismo. Busquen la forma de que ambos sumen financieramente en una misma dirección.

13. **Sea vulnerable.** No tenga miedo a equivocarse o a mostrarse vulnerable con su cónyuge. Todos cometemos errores, y deben ver oportunidades para mejorar y fortalecer la relación. Cuando somos vulnerables tenemos más posibilidades de conectarnos íntimamente, porque cuando nos mostramos tal cual somos permitimos que la otra persona nos ame. Logramos ser nosotros mismos cuando nos sentimos respetados, aceptados y admirados. Por eso, cuando su cónyuge se equivoque no lo corrija, jamás le ridiculice, y nunca se burle, porque esto nos distancia emocionalmente.

TENGAN SUEÑOS Y PROYECTOS QUE LES INSPIREN, LES PROYECTEN EN EL TIEMPO, SE COMPLEMENTEN Y LES HAGAN TRABAJAR COMO UN GRAN EQUIPO.

La confianza crece cuando somos transparentes, por eso debemos compartir todo lo que estamos experimentando, esto elimina las máscaras y nos permite vivir el amor en una dimensión más profunda.

Tal y como nos lo enseña Juan: *La persona que ama no tiene miedo. Donde hay amor no hay temor. Al contrario, **el verdadero amor quita el miedo**. Si alguien tiene miedo de que Dios lo castigue, es porque no ha aprendido a amar* (1 Juan 4:18 TLA). Todos debemos aprender a amar sin miedo.

14. **Crezcan juntos.** Tengan sueños y proyectos que les inspiren, les proyecten en el tiempo, se complementen y les hagan trabajar como un gran equipo. Esto nos une y nos permite caminar juntos en una misma dirección. Por eso Pablo nos anima a ayudarnos entre nosotros y a permanecer juntos en los momentos difíciles:

+ *Ayúdense unos a otros a llevar sus cargas, y así cumplirán la ley de Cristo.* (Gálatas 6:2)

+ *Nosotros, los que sí sabemos lo que Dios quiere, no debemos pensar sólo en lo que es bueno para nosotros mismos. Más bien, debemos ayudar a los que todavía no tienen esa seguridad. Todos debemos apoyar a los demás, y buscar su bien. Así los ayudaremos a confiar más en Dios.* (Romanos 15:1-2 TLA)

15. **Tomen tiempo personal.** Tiempo que les permita renovarse y les ayude a crecer intelectual, emocional y espiritualmente. Muchas veces el trabajo de la familia es agotador y todos necesitamos atender nuestras necesidades físicas, emocionales, espirituales y relacionales. Por eso: haga ejercicio, lea, lleve cursos, visite a sus amigos, y atienda sus necesidades médicas y de cuidado personal. Crezca en todo sentido, porque esto les ayuda a fortalecer la relación entre ustedes.

Nuestro Señor Jesucristo vivía esos momentos personales y animaba a sus discípulos a experimentarlos también, porque renuevan las fuerzas y nos permite tener un mejor ánimo.

+ *Levantándose muy de mañana, cuando todavía estaba oscuro, salió, y se fue a un lugar solitario, y allí oraba.* (Marcos 1:35 LBLA)

+ *Y Él les dijo: Venid, apartaos de los demás a un lugar solitario y descansad un poco. (Porque había muchos que iban y venían, y ellos no tenían tiempo ni siquiera para comer).* (Marcos 6:31 LBLA)

16. **Perdone y perdónese.** Todos cometemos errores, pero no podemos vivir toda la vida cometiendo los mismos; por eso, aprenda de lo ocurrido, discúlpese con prontitud y superen juntos la crisis. Ninguno de nosotros es perfecto, y al vivir juntos, vamos a tener roces, desacuerdos, disgustos y discusiones, pero eso no justifica que arriesguemos lo que nos ha costado construir.

    Reclamar constantemente los errores del pasado detiene nuestro crecimiento personal y daña la relación. Por eso, debemos perdonar y perdonarnos lo más rápido posible. Si permitimos que el resentimiento nos domine, llenaremos de amargura la relación y los reclamos serán interminables. El perdón nos permite caminar livianos y en libertad. *Más bien, sean bondadosos y compasivos unos con otros, y perdónense mutuamente, así como Dios los perdonó a ustedes en Cristo.* (Efesios 4:32)

17. **Perdone de inmediato y concéntrese en el futuro.** Aferrarse a los errores del pasado que usted o su cónyuge hayan cometido, es una pesada ancla que siempre detendrá su matrimonio. El perdón conduce a la libertad. *El amor todo lo perdona.* (Proverbios 10:12 TLA)

Recuerde, el matrimonio es el escenario perfecto para hacer florecer lo mejor que tenemos y nos permite otorgarlo libremente a la persona que amamos. Entre más aportemos a la relación, mejor nos sentiremos, porque el matrimonio vibra cuando ambos estamos dispuestos a tener iniciativa, comprensión, afecto, respeto, actos de servicio y admiración.

EL MATRIMONIO ES EL ESCENARIO PERFECTO PARA HACER FLORECER LO MEJOR QUE TENEMOS.

PALABRAS FINALES

El matrimonio es el más hermoso y aleccionador viaje que Dios nos permite hacer. No hay lugar más apropiado para hacer florecer las virtudes que Dios quiere ver en cada uno de sus hijos. Estas virtudes están descritas en la carta de Pablo a los habitantes de Galacia:

> *En cambio, el fruto del Espíritu es amor, alegría, paz, paciencia, amabilidad, bondad, fidelidad, humildad y dominio propio.* (Gálatas 5:22-23)

¿Desea potenciar el amor y la alegría en su vida? La vida matrimonial está diseñada para eso. ¿Siente que le falta algo de paciencia y amabilidad con los demás? ¡Su cónyuge es la tierra más fértil para sembrar esas semillas! ¿Quizá piense que algo de humildad y dominio propio no le vendría mal? Aquella persona que está a su lado es la que espera por esas manifestaciones en su vida.

No piense en el matrimonio como una herramienta que le hará feliz, decídase a ser esa herramienta que hará feliz a alguien más. Con esa generosa perspectiva, que solo piensa en dar, le aseguro que vivirá los años más felices de su vida. Lo he podido comprobar con mi esposa a lo largo de casi cuarenta años. Es una verdad total.

Ahora lo invito a compartir aquello que lo desafió de este libro, lo invito también a hablar con alguien de esa semilla que le dejó esta lectura. Debemos proponernos ser agentes de cambio, primero en nuestro matrimonio, y luego en nuestro entorno. Decídase a construir para usted, y para los demás, un matrimonio saludable.

Con Dios, es posible.

ACERCA DEL AUTOR

Sixto Porras, vicepresidente de Ministerios Hispanos para Enfoque a la Familia, produce programas radiales y televisivos difundidos en más de 38 países. Es consultado sobre temas de familia, de manera frecuente, por noticieros, periódicos, revistas y otros medios de comunicación en diversos países de América Latina. Ha impartido conferencias sobre el mismo tema y el desarrollo social en todos los países de habla hispana, en Australia, Bélgica y Francia, en muchas ocasiones invitado por los gobiernos. Es asesor ad-honorem de varios congresos de América Latina.

Ha sido invitado a disertar en el Congreso de Nicaragua, Honduras, la Comisión de Salud del Senado de la República Oriental de Uruguay, la Comisión de Familia del Congreso de la República de El Salvador y la Comisión de Niñez, Juventud y Familia del Congreso de Costa Rica. Además, ha sido conferencista ante las Misiones Diplomáticas de América Latina acreditadas en la Organización de las Naciones Unidas (ONU) en Nueva York.

La Comisión Nacional de Valores de Costa Rica le otorgó el Premio Nacional de Valores por su labor a favor de la familia. El Congreso de la República de Perú le otorgó un reconocimiento por su aporte a este país. El Senado de Puerto Rico le dio un reconocimiento por su trayectoria de servicio a favor de la familia.

Es autor de los libros: *Hijos exitosos*, *El lenguaje del perdón*, *Cree en ti*, *Cómo amarme y amar a los demás*, *El arte de perdonar* (Devocional de 90 días), *Con sentido de destino* y *Elige sabiamente en el amor*, entre muchos otros.

Sixto Porras y su esposa Helen han estado casados por más de 35 años. Son padres de Daniel y Esteban, y abuelos de Emiliano, Mateo y Eva.

https://www.enfoquealafamilia.com/sixto-porras/

https://www.facebook.com/sixtoenfoquealafamilia

instagram.com/sixtoenfoquealafamilia/?hl=en

https://twitter.com/sixtoporras?lang=en

YouTube/Sixto Porras

YouTube/enfoquealafamiliaoficial